U0878262

My First
我的第一套视觉百科
Encyclopedia

SCHOOL BUS

我的第一套视觉百科

航天

张功学◎主编

陕西新华出版传媒集团
未 来 出 版 社

前言

浩瀚无垠的茫茫宇宙，对人类从来都有着巨大的吸引力。虽然生活在地面之上，但人类从来不满足于仅仅生存在脚下的土地上。人们一直满怀希望，有一天能够在神奇又陌生的太空自由驰骋。

航天为了什么？除了满足我们天生的好奇心，也许航天更能使我们对宇宙有更深、更多的了解，也让我们对自然、对世界、对生命和自身的潜能有更深刻的认识。这种探寻的意义，大过航天本身。

为了实现这个奇妙而美好的愿望，一代又一代的人们付出了无尽的努力和智慧，甚至生命。今天，人们飞出地球，将探索宇宙的脚步迈入了一个更广阔的空间，而这一切都要归功于人类对航天事业锲而不舍的执着追求。

走进人类的航天事业，我们希望你不仅仅满足于简单地认识航天器，我们更希望能借此帮你打开一扇放眼宇宙的大门，开阔视野，增长才干，为自己有一个更美好的未来而努力。

目录

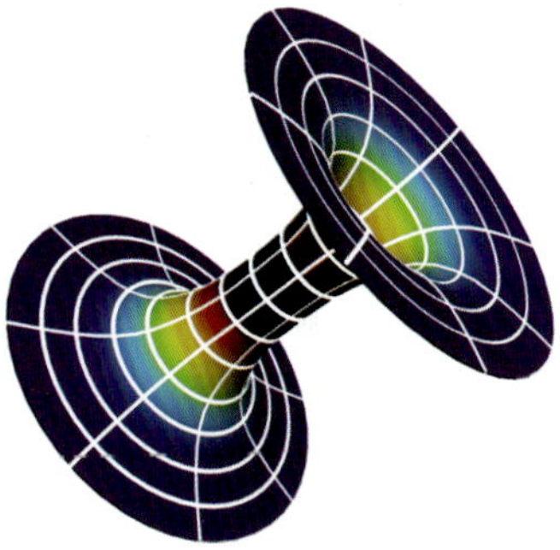

什么是航天

航天即宇宙航行，亦称空间飞行或太空飞行。是航天器在宇宙中进行的航行活动。进入太空是人类由来已久的梦想，随着科技的发展，人类借助航天器终于实现了飞天的梦想，同时对宇宙有了更多更新更深的认识。

航天的目的

航天活动的主要目的是探索、开发和利用太空以及地球以外的天体，包括环绕地球的运行、飞往月球或其他行星的航行以及行星间的航行和太阳系以外的航行。

康斯坦丁·齐奥尔科夫斯基（1857~1935），苏联科学家，现代火箭理论奠基人。

航天先驱者

在人类探索航天之路的征途上，总有人披荆斩棘，成为这条道路上的开路先锋，他们就是人类航天史上的先驱者。

赫尔曼·奥伯特（1894~1989），德国火箭专家，提出脱离地球引力的方法和火箭点火理论。

罗伯特·戈达德（1882~1945），美国物理学家和火箭技术先驱者。1926年3月16日，他成功发射世界首枚液体火箭。

冯·布劳恩（1912~1977），德国人，火箭专家，1945年移居美国，从事火箭、导弹和航天研究，被称为“现代航天之父。”

航天的起始

自古以来，人类对地球之外的太空都充满了好奇，渴望飞出地球的梦想之火从未熄灭。在发明飞机后的几十年时间里，人类相继研制出许多种航天器，开启了航天的新篇章。

勇敢的万户

我国明朝的万户，曾进行了人类历史上第一次火箭飞行试验，为此他献出了生命。数百年后，月球上一座环形山被命名为“万户山”。

▲ 万户飞天

◀ 康斯坦丁·齐奥尔科夫斯基

“火箭公式”

1903 年，康斯坦丁·齐奥尔科夫斯基在论文中提出了著名的“火箭公式”，绘制出液体燃料火箭原理图，后又提出并论证了用多级火箭发射航天器的可行性。

◀ 康斯坦丁·齐奥尔科夫斯基和他的火箭模型

▶ "斯普特尼克" 1 号

"斯普特尼克"1 号

1957 年 10 月，苏联用运载火箭把第一颗人造地球卫星"斯普特尼克"1 号送上了天宇。这颗小卫星的升空，宣告人类进入太空探索的新时代。

谢尔盖·帕夫洛维奇·科罗廖夫(1907~1966)，苏联航天事业的设计师与组织者，应用宇宙航行学奠基人。他创造了航天界多项世界第一，如他是第一枚射程超过 8000 千米洲际火箭的设计者，第一颗人造地球卫星"斯普特尼克"1 号运载火箭的设计者、第一艘载人航天飞船的总设计师，等等。

月球旅行幻想

从 17 世纪开始，近代自然科学的发展为飞天的古老梦想插上了科学的翅膀。德国天文学家开普勒就曾在 1600 年出版的《梦游》中，第一次对月球旅行展开幻想。

▲ 开普勒

凡尔纳的设想

法国作家凡尔纳在其 1865 年首版名作《从地球到月球》中，曾大胆地把巨型炮弹作为未来的航空器。同时，他还运用大量的数学、物理学和天文学知识，对炮弹和发射装置进行了严格的设计。

▲ 凡尔纳

首次太空之旅

1961 年 4 月，"东方"1 号飞船载着苏联空军少校尤里·加加林，完成了 108 分钟的太空旅行。这是人类历史上第一次载人航天飞行，加加林也成为人类历史上造访太空第一人。

▶ 尤里·加加林

火　箭

宇宙飞船、人造卫星、探测器等航天器要进入太空，通常需要运载火箭帮忙。运载火箭搭载这些航天器冲破地球引力，将航天器送入指定轨道后，任务就完成了。

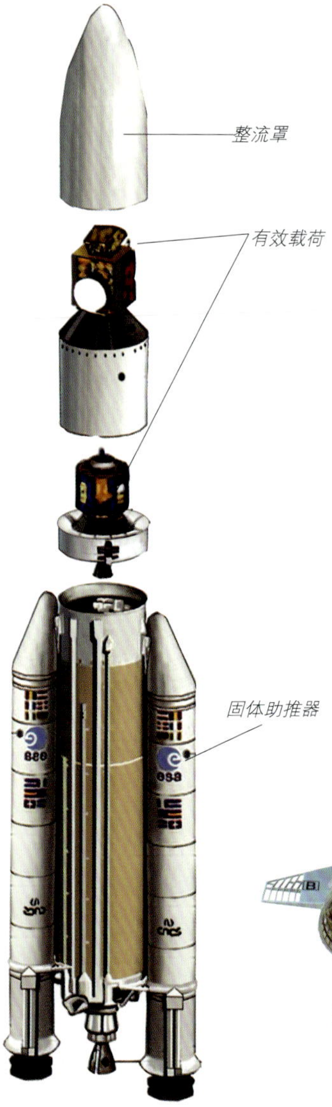

▲ 现代火箭结构示意图

什么是火箭

火箭是一类用火箭发动机来推动自身前进的飞行器。它会随身携带自身所需的全部能源，不使用空气产生推力，可以在大气层内外飞行。

V2 火箭

V2 火箭是一种弹道火箭，它最先被用于军事领域，是一种令人闻风丧胆的恐怖武器。V2 火箭由德国在第二次世界大战期间研制，是现代火箭的先驱。

◀ V2 火箭

▲ 火箭发动机

火箭发动机

火箭发动机是火箭的心脏，按燃料类型分为液体燃料火箭发动机、固体燃料火箭发动机和混合燃料火箭发动机。在航天活动中，通常用作航天器的动力装置。

火箭的分类

火箭按级数分为单级火箭和多级火箭；

按用途和有效载荷分为探空火箭、运载火箭和火箭武器等；

按有无制导控制装置分为有控火箭和无控火箭；

按使用能源分为化学火箭、电火箭、核火箭和太阳能火箭等。

按燃料类型分为液体燃料火箭、固体燃料火箭和固液混合燃料火箭等。

▲ 电火箭发射卫星

▶ 运载火箭

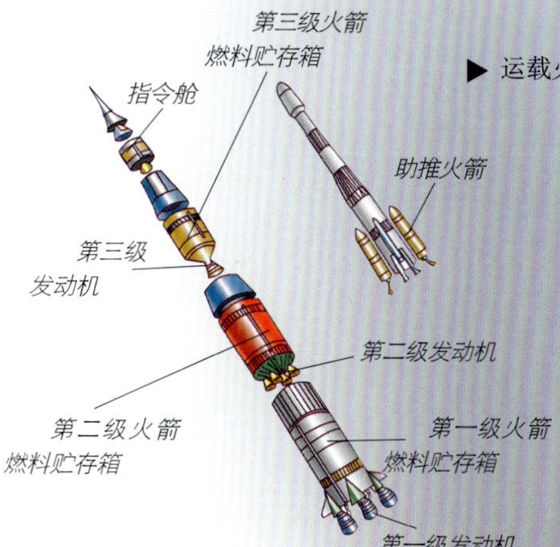

▲ 多级火箭结构图

多级火箭

多级火箭由数级火箭组合而成，它比单级火箭更强大，是发射航天器的理想工具。1949年，美国研制出世界上第一枚多级火箭。

◀ 现代火箭

“长征”系列运载火箭

这是我国研制的大型运载火箭，有4个系列17个型号。1970年4月24日，“长征”1号运载火箭首次发射“东方红”1号卫星获得成功。到2017年12月，“长征”系列运载火箭已经飞行近260次。

▲ “长征”系列火箭模型

人造卫星

卫星指围绕某一行星运转的天体或人造设备。人造卫星通常指环绕地球，在空间轨道上运行（至少一圈）的无人航天器（这是目前人类发射数量最多的航天器）。

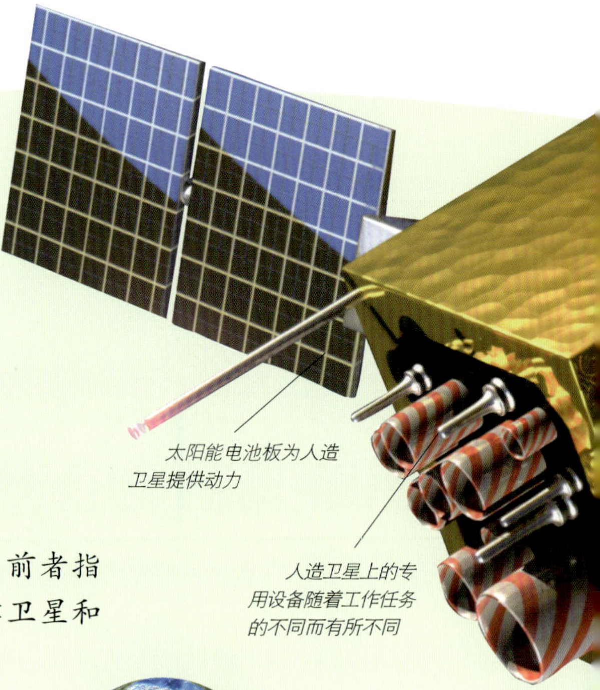

卫星的内部

人造卫星由专用系统和保障系统两部分组成。前者指与卫星所执行的任务直接相关的系统；后者指保障卫星和专用系统在空间正常工作的系统。

▲ 顺行轨道

▲ 逆行轨道

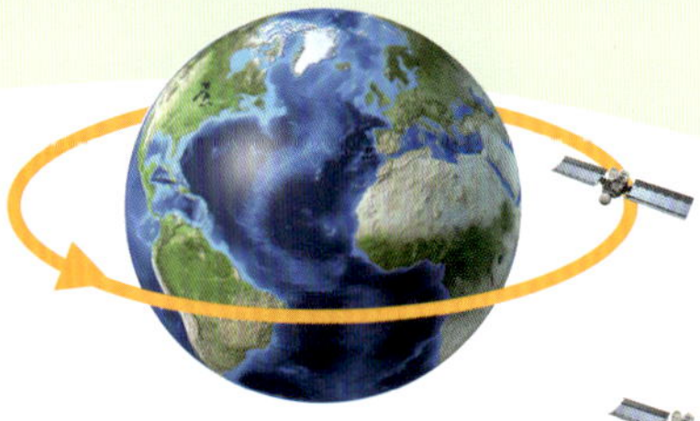

▲ 赤道轨道

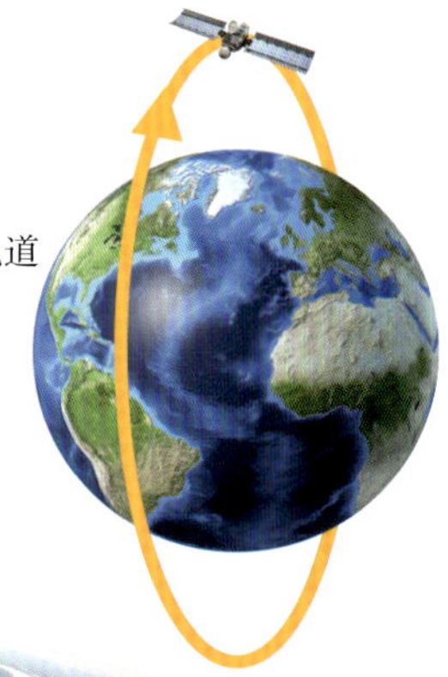

▶ 极地轨道

运行轨道

人造卫星的运行轨道按距地面高度分为低轨道、中高轨道和高轨道；按与地球自转方向是否一致分为顺行轨道、逆行轨道；按绕地球飞行的位置分为赤道轨道、极地轨道，等等。

卫星种类

人造卫星类型多样，按应用领域和用途可分为：科学卫星，如空间探测卫星和天文卫星；技术试验卫星，如进行新技术试验的卫星；应用卫星，这类卫星最多，如导航卫星、气象卫星、通信卫星、地球资源卫星、侦察卫星、海洋卫星等。

导航卫星

导航卫星装有专用的无线电设备，用户接收卫星发射的无线电信号，然后通过一定的计算就可得出自己所在的地理坐标。现在，导航卫星已经成为人们去不熟悉地方的指路帮手。

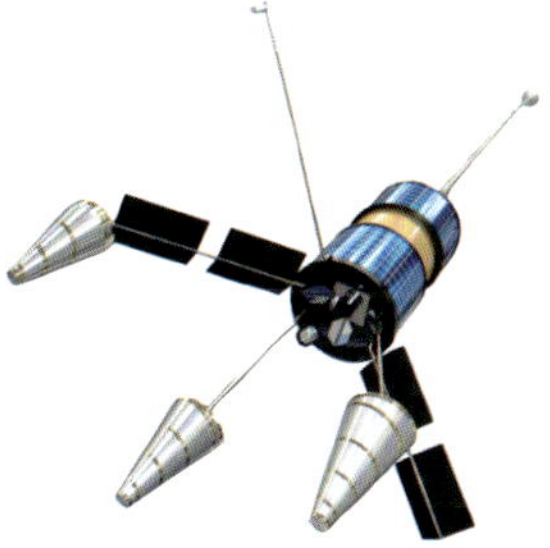

▲ 俄罗斯“格洛纳斯”系统导航卫星

卫星遥感技术

这是利用卫星作为遥感平台，通过遥感技术来获取地球表面或其他天体表面影像资料的一种高科技，可以让人们对地球或其他天体建立立体、多维、直观的视觉感受。

第一颗气象卫星

世界上第一颗气象卫星是美国的“泰罗斯”1号，它于1960年4月发射，卫星上装有电视摄像机和照片传输装置，可以拍摄大气云图，并将其传回地球。

▲ “泰罗斯”1号气象卫星

▲ 卫星遥感拍摄到的地表画面

第一颗商用通信卫星

美国1965年4月发射的“晨鸟”号卫星，是世界上第一颗商用通信卫星，当时仅能容纳240条电话线或一条彩色电视频道，通信能力十分有限。

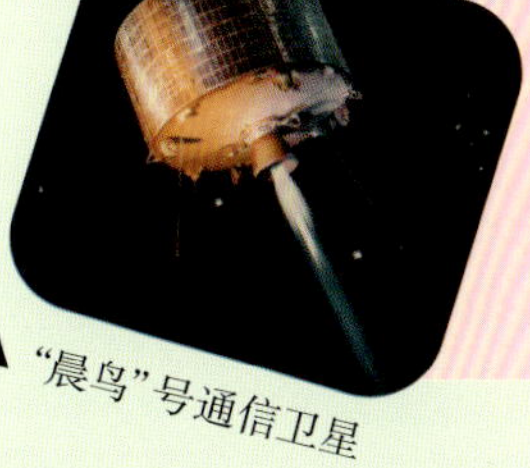

▲ “晨鸟”号通信卫星

◀ 通过多级火箭持续加速可以实现宇宙速度

空间探测器

空间探测器，也叫深空探测器，是目前人类对太阳系天体及宇宙空间进行探索而专门发射的宇航器。它们通常会搭载科学探测器，由运载火箭送入太空，是人类探索太阳系的重要工具。

探测器的发射速度

空间探测器要想摆脱地球引力，进入太空，必须获得足够大的速度。目前人类发射的各类探测器主要适用于太阳系，所以这个速度大多为第二宇宙速度。

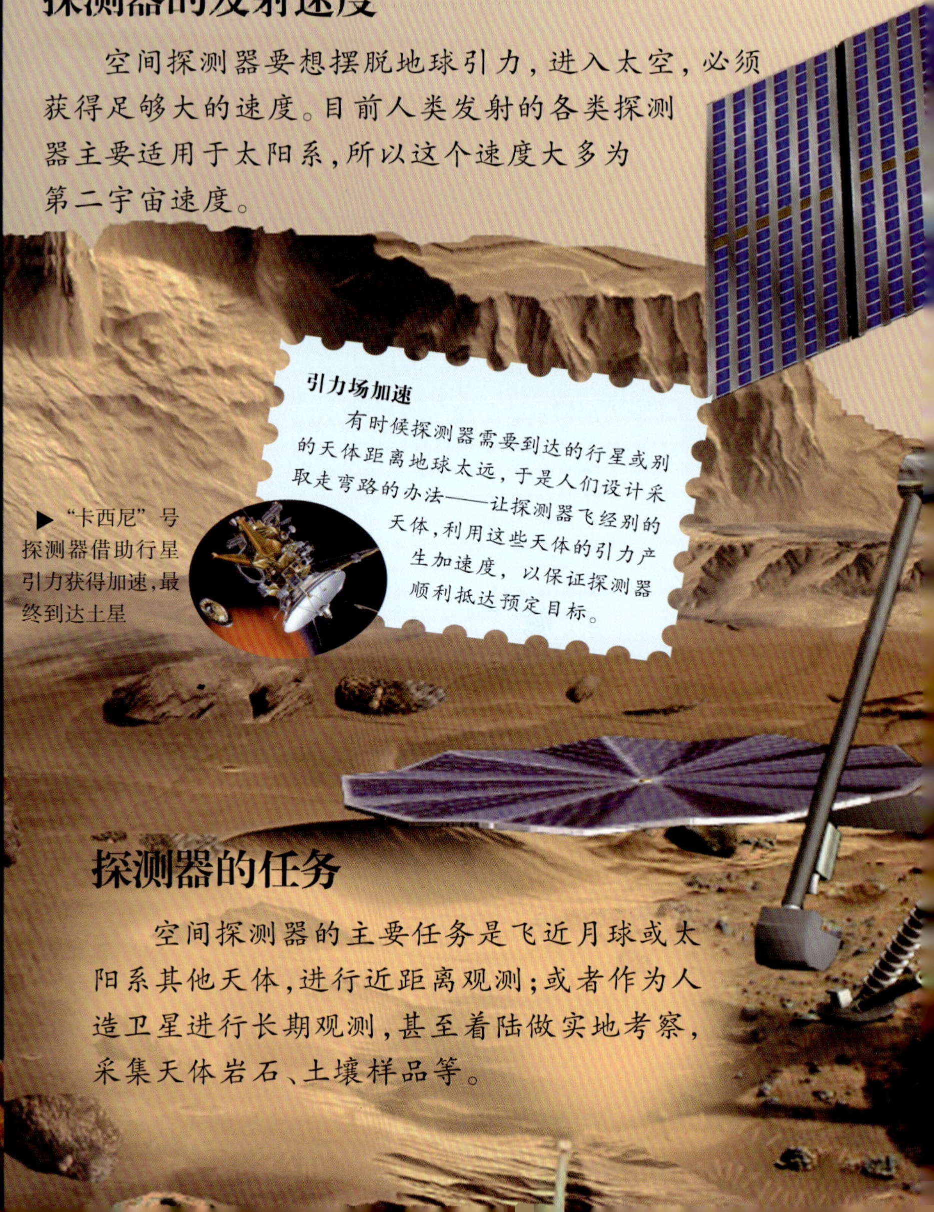

引力场加速

有时候探测器需要到达的行星或别的天体距离地球太远，于是人们设计采取走弯路的办法——让探测器飞经别的天体，利用这些天体的引力产生加速度，以保证探测器顺利抵达预定目标。

▶ "卡西尼"号探测器借助行星引力获得加速，最终到达土星

探测器的任务

空间探测器的主要任务是飞近月球或太阳系其他天体，进行近距离观测；或者作为人造卫星进行长期观测，甚至着陆做实地考察，采集天体岩石、土壤样品等。

空间探测器的自主导航

由于空间探测器往往需要在太空进行长期飞行，地面不能对它们进行实时遥控，所以这类探测器必须具备自主导航能力。

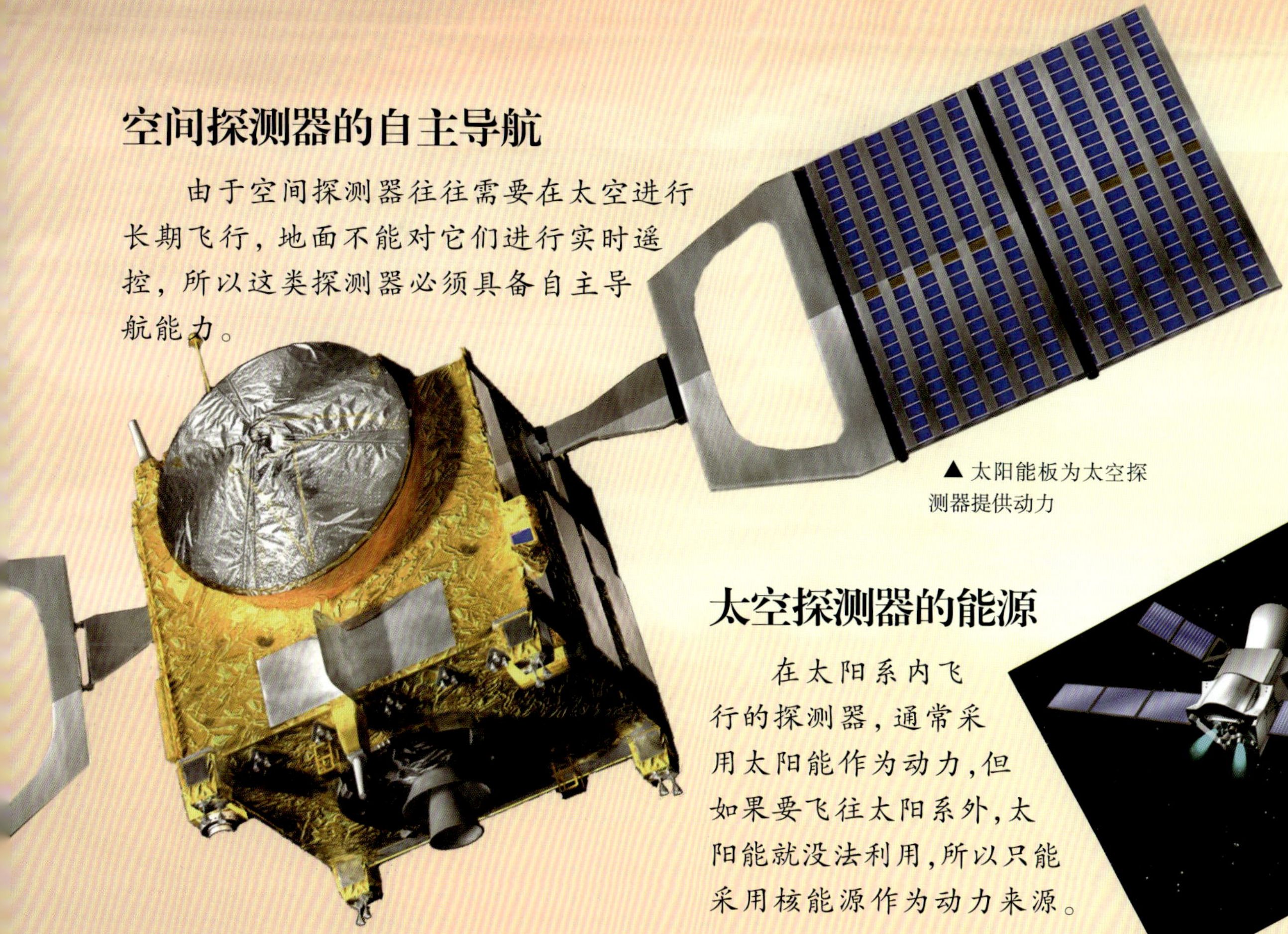

▲ 太阳能板为太空探测器提供动力

太空探测器的能源

在太阳系内飞行的探测器，通常采用太阳能作为动力，但如果要飞往太阳系外，太阳能就没法利用，所以只能采用核能源作为动力来源。

落地范围大

空间探测器如果需要在预定目标天体上着陆，人们会给探测器预定一个具体的着陆范围。太空环境非常复杂，很多因素会影响到探测器的着陆，因此这个范围一般会比较大。

空间探测器种类

根据空间探测器探测对象的不同，划分为月球探测器、行星和行星际探测器、小天体探测器等。小天体探测器通常用于对太阳系行星的卫星进行探测。

◀ 行星和行星际探测器

▲ 美国“凤凰”号火星探测器在火星表面勘测

宇宙飞船

宇宙飞船既是运送宇航员、货物到达太空的交通工具，也是宇航员在太空进行短期生活和工作的移动基地，在人力操控下能返回地球。未来，它将成为人类遨游太空的工具之一。

“东方”1号

“东方”1号宇宙飞船是世界上第一艘载人宇宙飞船。1961年4月12日，它载着苏联宇航员尤里·加加林飞上了太空，完成了人类首次太空之旅。

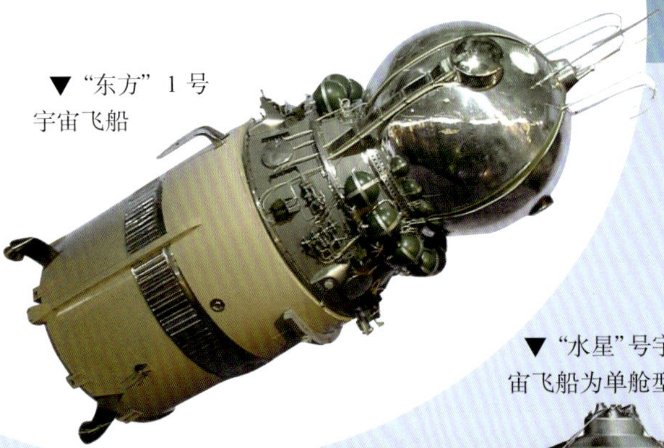

▼“东方”1号宇宙飞船

宇宙飞船种类

宇宙飞船分为单舱型、双舱型和三舱型。单舱型只有一个宇航员座舱，双舱型在座舱外加了一个服务舱，三舱型比双舱型多一个轨道舱。

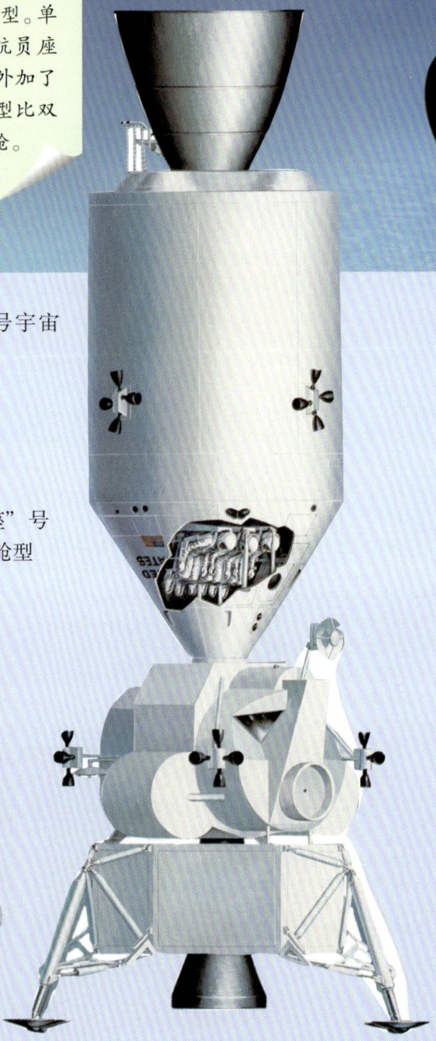

▶“阿波罗”号宇宙飞船为三舱型

▼“水星”号宇宙飞船为单舱型

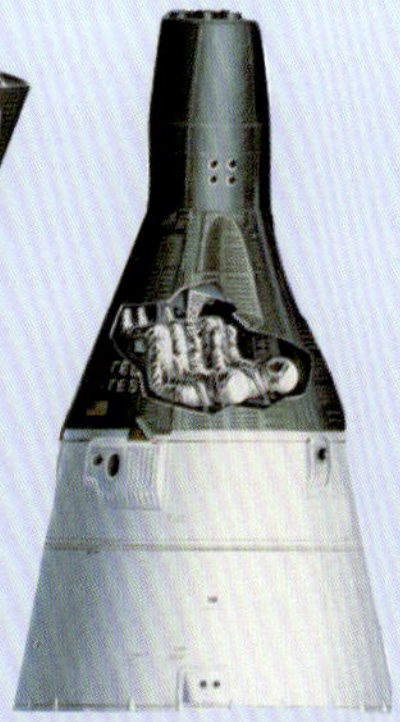

▼“双子星座”号宇宙飞船为双舱型

“水星”号

“水星”号飞船是美国的第一代载人飞船，它总共进行了25次飞行试验，其中6次是载人飞行。

“阿波罗”号宇宙飞船

“阿波罗”号宇宙飞船是美国实施登月计划使用的飞船。1969 年 7 月 20 日，“阿波罗”11 号飞船将两名宇航员成功送上了月球(一起执行任务的另一队员留在指令舱中)。

◀ “阿波罗” 号宇宙飞船

复杂的内部结构

宇宙飞船与返回式卫星有相似之处，但因为要载人，所以增加了许多特设系统，如环境控制和生命保障系统、报话通信系统、仪表和照明系统、航天服、载人机动装置和逃逸系统等。

◀ “双子星座” 号宇宙飞船内部图

“神舟”一号

“神舟”一号是我国第一艘宇宙飞船，它于 1999 年 11 月 20 日发射升空，在太空中飞行了 21 个小时后顺利返回。

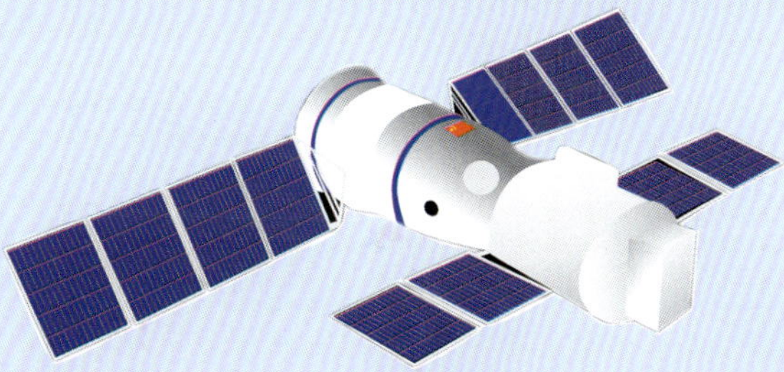

▲ “神舟”一号

未来发展方向

未来的宇宙飞船将朝三个方向发展：有多种功能和用途；返回落点的控制精度提高到百米级的范围以内；返回地面的座舱经适当修理后可重复使用。

▲ 美国研发的新一代多功能载人航天器——“猎户座”号宇宙飞船

进入太空的飞机

飞机能够自由地在蓝天上飞行，让人羡慕不已。现在，有一种飞机，它不但能够在大气层内飞行，还能冲出大气层，飞向浩瀚的宇宙，这就是航天飞机。航天飞机是可重复使用的航天运载工具。

航天飞机的结构

航天飞机由外部燃料箱、火箭助推器和轨道器三部分组成，外部燃料箱不能重复使用，其他两大部分都能多次使用。

航天飞机事故

1986 年 1 月，美国“挑战者”号航天飞机失事，机上七名宇航员全部遇难。2003 年 2 月，美国“哥伦比亚”号航天飞机坠毁，机上七人也全部遇难。

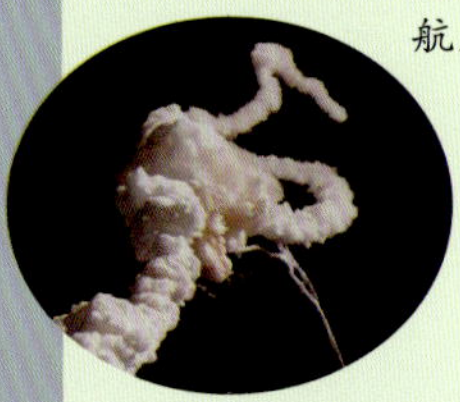

◀ “挑战者”号航天飞机失事瞬间

第一架航天飞机

世界上第一架航天飞机是美国于 1977 年 2 月研制出的“企业”号，这架航天飞机最终并未服役，只用于实验。

▼ “企业”号航天飞机

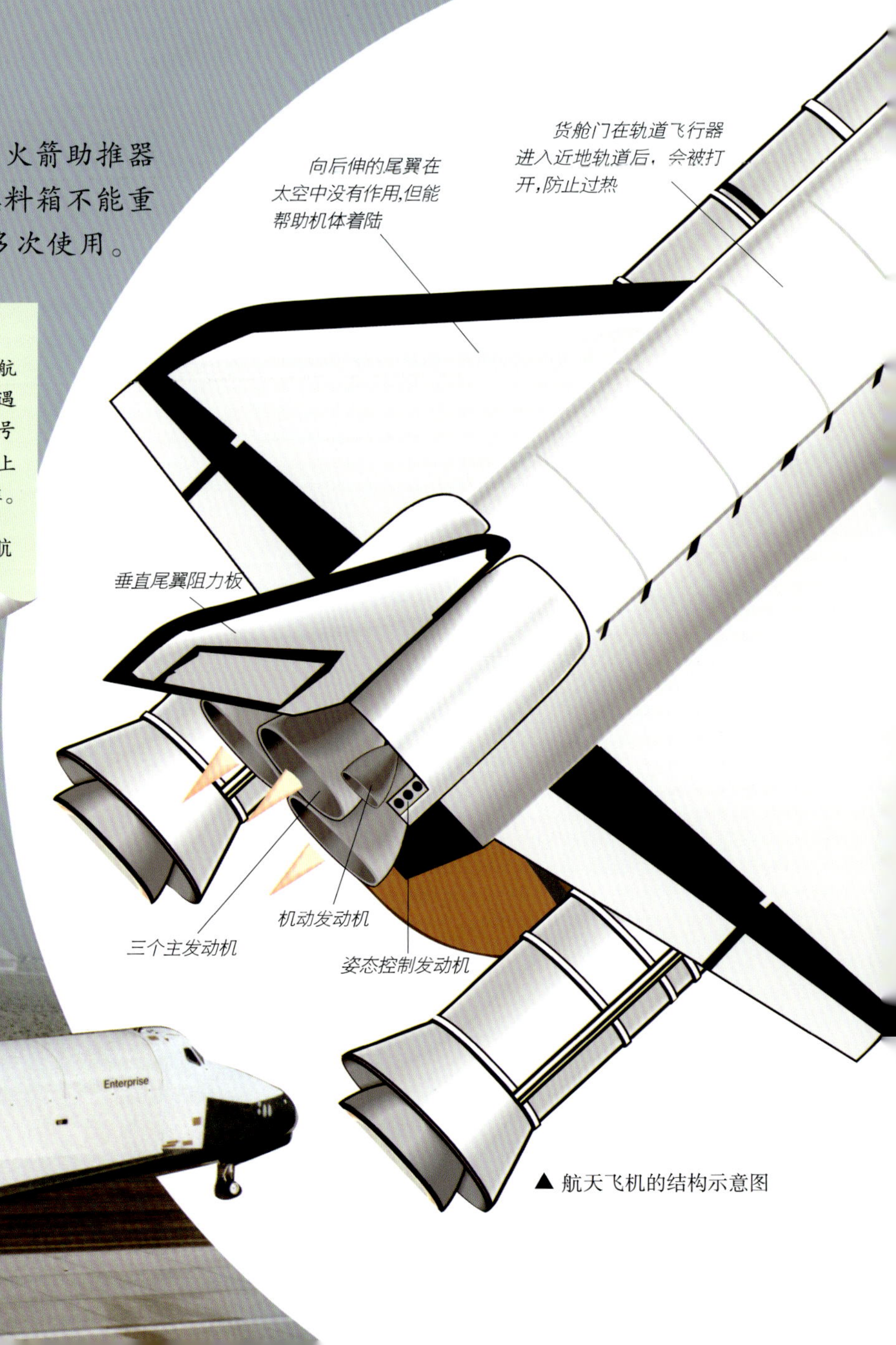

▲ 航天飞机的结构示意图

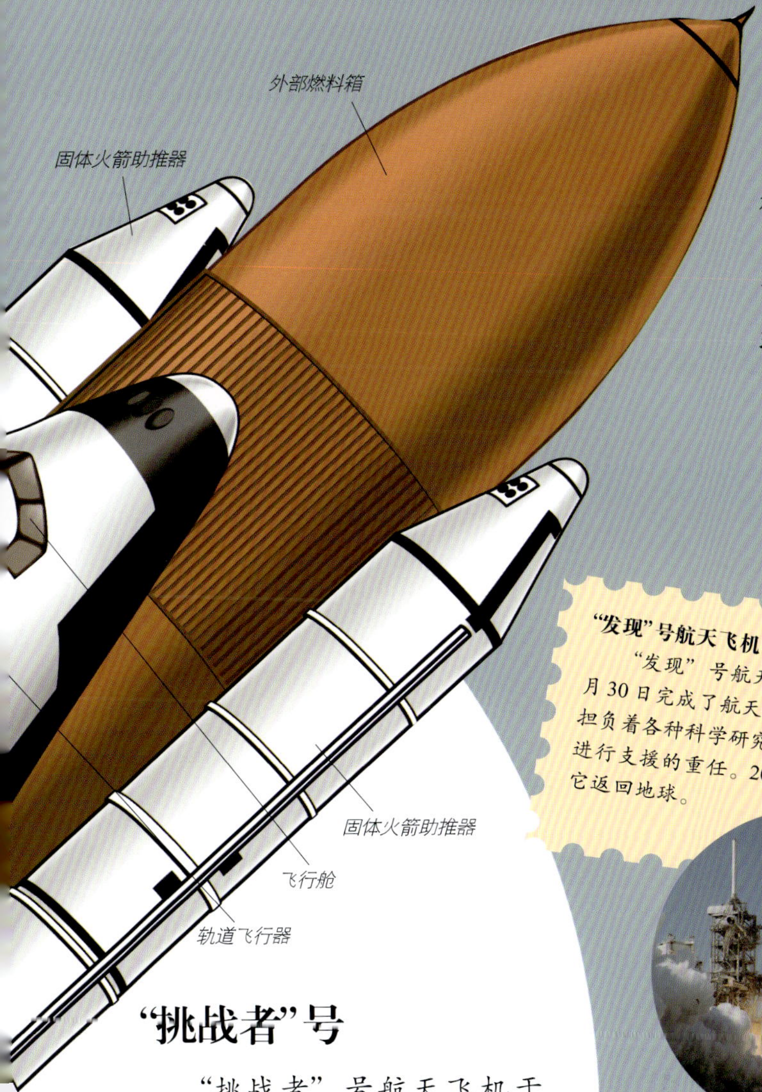

“暴风雪”号

“暴风雪”号航天飞机产于苏联，在1988年11月15日进行了首次飞行。升空后它绕行地球两圈，遨游太空三小时后安全返回。

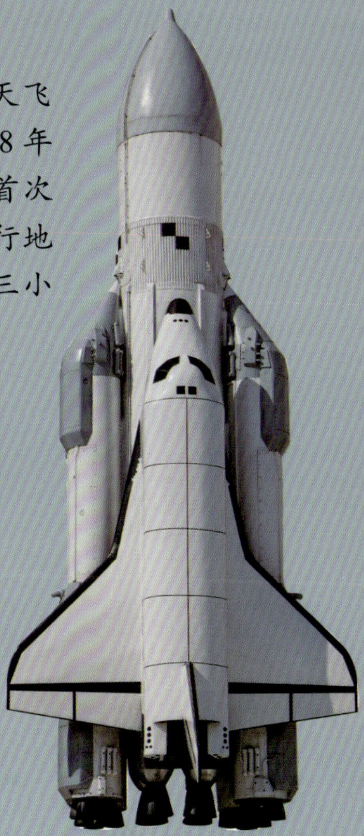

▲“暴风雪”号航天飞机

“发现”号航天飞机

“发现”号航天飞机于1984年8月30日完成了航天首秀，此后它一直担负着各种科学研究和为国际空间站进行支援的重任。2011年3月7日，它返回地球。

▲“发现”号航天飞机

“挑战者”号

“挑战者”号航天飞机于1983年4月4日首次升空。1986年1月28日，在第10次执行太空任务时，“挑战者”号爆炸解体，造成航天史上的重大事故。

“奋进”号航天飞机

“奋进”号是美国国家航空航天局迄今研制的最后一架航天飞机，于1991年建造，用来代替1986年失事的“挑战者”号。与其他航天飞机不同的是，它的尾部增加了一个减速伞装置。

▼“奋进”号航天飞机

人类太空基地

现在航天器不仅能进入太空，有些还能在太空中长时间地停留，成为人类开展太空活动的基地，这类航天器就是空间站。

国际空间站

国际空间站是目前运行中的最大空间站，从 1998 年 11 月第一个组件进入太空，到 2011 年 12 月最后一个组件发射上天，国际空间站历时十多年才组装完成。

“和平”号空间站

“和平”号空间站是俄罗斯第三代轨道空间站，1986 年发射升空，2001 年 3 月 23 日退役坠毁。服役期间，它为人类的太空研究做出了巨大贡献。

▲“和平”号空间站

建造太空基地

建造太空基地首先要将各种设备运到太空，然后在太空进行组装，建造完成后再将宇航员送到上面，这样它就可以运行了。

◀ 宇航员在“希望”号实验舱里工作

▼ 宇航员在服务舱的跑步机上锻炼

“深空通道”计划

2017 年 9 月底，美国国家航空航天局表示，美国将和俄罗斯合作建设首个月球空间站，名为“深空通道”，并预计于 2020 年动工。

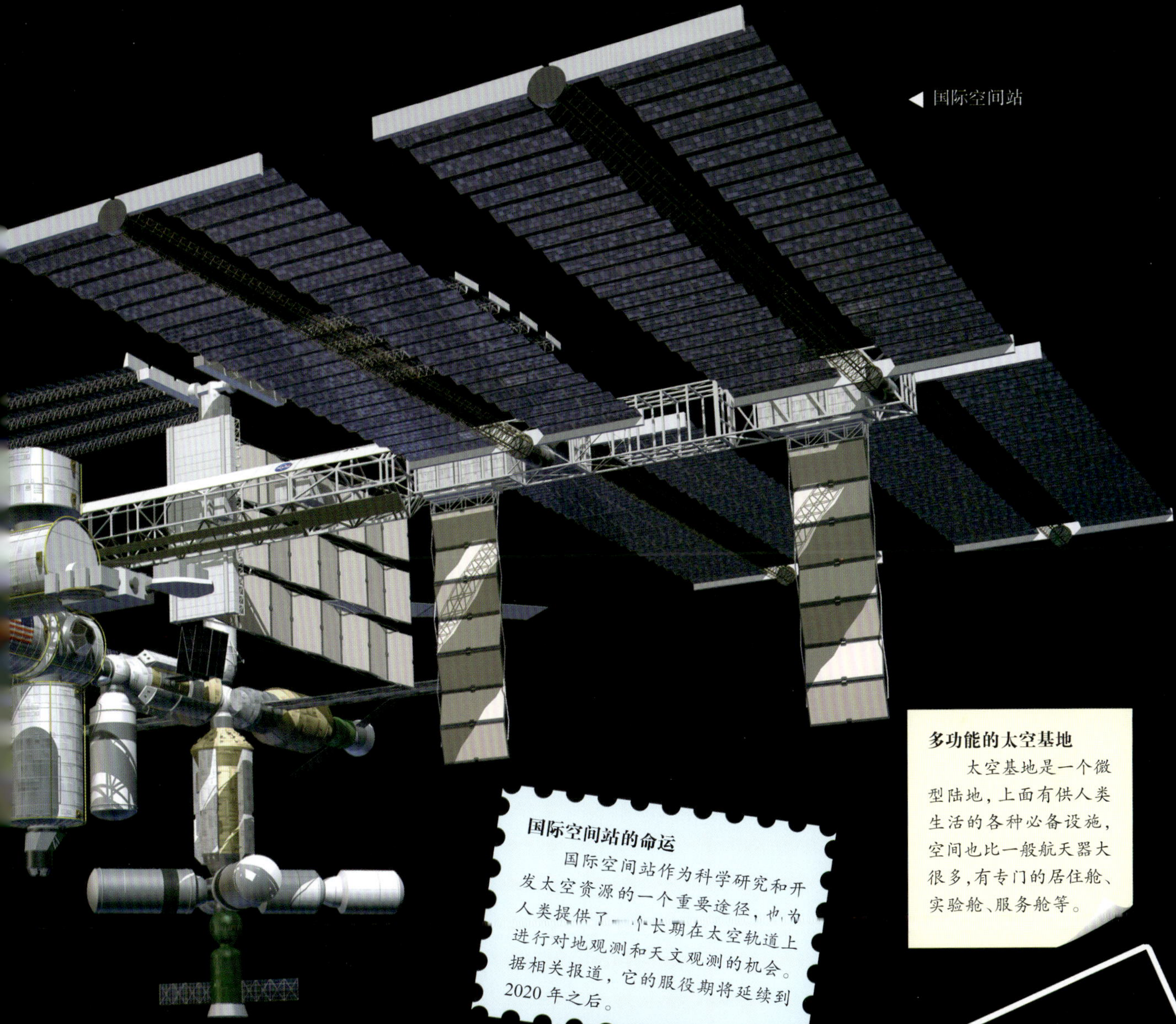

◀ 国际空间站

多功能的太空基地

太空基地是一个微型陆地，上面有供人类生活的各种必备设施，空间也比一般航天器大很多，有专门的居住舱、实验舱、服务舱等。

国际空间站的命运

国际空间站作为科学研究和开发太空资源的一个重要途径，也为人类提供了一个长期在太空轨道上进行对地观测和天文观测的机会。据相关报道，它的服役期将延续到2020年之后。

▼ 艺术家描绘的“猎户座”号飞船（右角）将宇航员送临月球轨道的“深空通道太空站”（左）

“猎户座”号太空船

美国拟建一艘“猎户座”号太空船，作为人类进入太空深处的跳板，这艘太空船将停放在月球背面的地月平衡点上。

太空望远镜

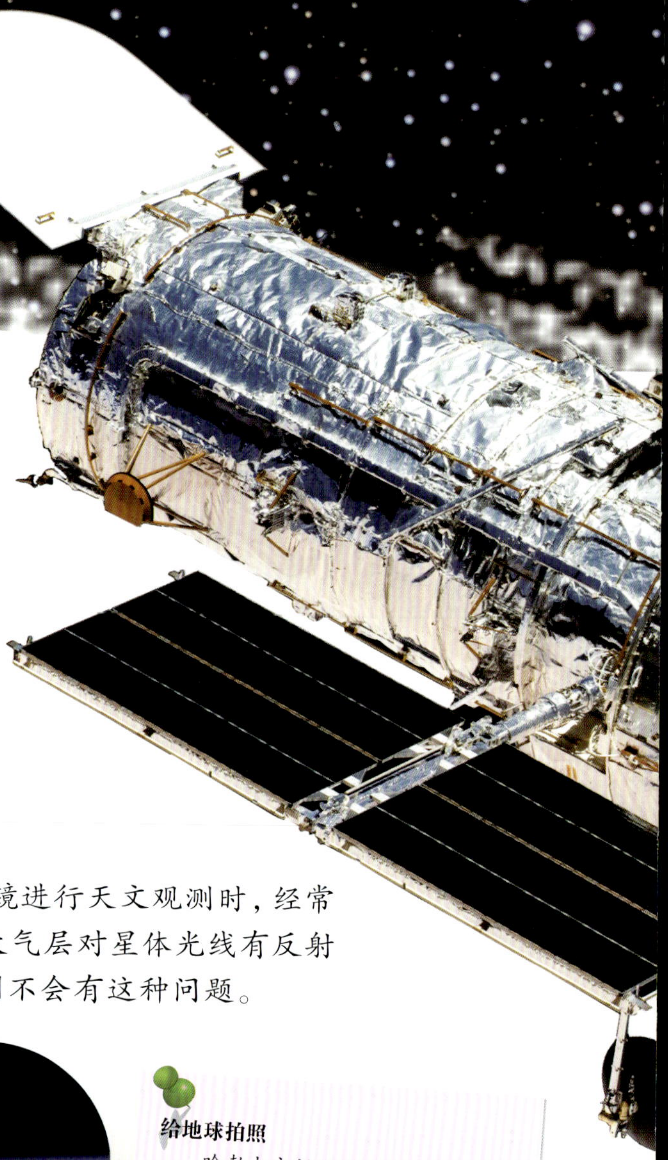

太空望远镜又叫空间望远镜，是天文学家的主要观测工具之一。它们是人类深入宇宙空间的眼睛，为人类探寻宇宙奥秘和开展航天活动提供了很大帮助。

地面观测的困扰

科学家们使用地面望远镜进行天文观测时，经常会受到大气层的干扰，因为大气层对星体光线有反射和吸收作用。但在太空中，则不会有这种问题。

▲ 哈勃太空望远镜与地球

给地球拍照

哈勃太空望远镜对太空景象的观测非常精细，但如果给地球拍照，情形却大不一样。由于它是绕着地球同步高速运转，所以拍照精度虽然很高，却很难拍到一张清晰的地面照。

▲ 斯皮策太空望远镜

斯皮策太空望远镜

斯皮策太空望远镜是人类史上最大的红外线波段太空望远镜。和其他太空望远镜相比，它有个最大特点：它是躲在地球后面绕着太阳转动的。

哈勃太空望远镜 1990年4月24日进入太空；地球大气层上空。

钱德拉太空望远镜 1999年7月23日升空；大椭圆轨道上。

斯皮策太空望远镜 2003年8月25日发射升空；地球公转轨道上。

新的功绩

2016年3月4日，哈勃太空望远镜成功捕捉到距离地球约134亿光年的一个发育中的“婴儿星系”发出的微光。这意味着，人们观测到的这个星系是它在宇宙大爆炸后4亿年时的样子。

▼ 哈勃太空望远镜

哈勃太空望远镜

著名的哈勃太空望远镜，是安装在人造卫星上观测天体的空间望远镜，观测能力非常强大。它携带的电子照相机，可以拍摄下宇宙极其微妙的景象。它成功弥补了地面观测的不足，是天文史上最重要的仪器之一。

新太空望远镜

詹姆斯·韦伯望远镜是美国国家航空航天局、欧洲航天局和加拿大航空航天局联合研发的，计划于2019年发射升空的太空望远镜。作为哈勃太空望远镜的继任者，韦伯太空望远镜的主要任务是探测追踪宇宙中残余的红外线证据。

▶ 詹姆斯·韦伯太空望远镜

钱德拉太空望远镜

钱德拉太空望远镜主要使命是捕捉宇宙中肉眼看不到的X射线，帮助天文学家搜寻宇宙中的黑洞和暗物质，从而更深入地了解宇宙的起源和演化过程。

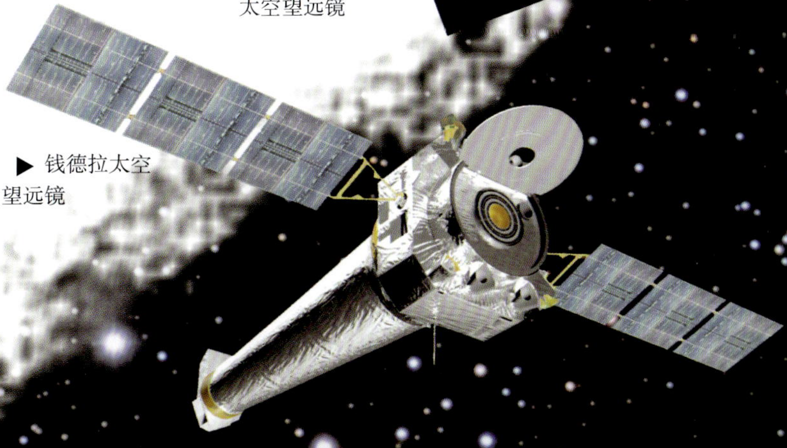

▶ 钱德拉太空望远镜

飞入太空的动物

其实，第一批造访宇宙的地球生物并不是人类。在载人航天器研制成功后，最先乘坐它们飞向太空的是小白鼠、苍蝇、鱼、猴子等动物，这些动物为人类的航天事业也做出了巨大的贡献。

动物宇航员的训练

为了减少动物宇航员的无谓牺牲，科学家们总结出了挑选、训练它们的准则，主要有三点：挑选个头较小的雌性动物，培养动物们过硬的心理素质，按宇航员标准训练动物。

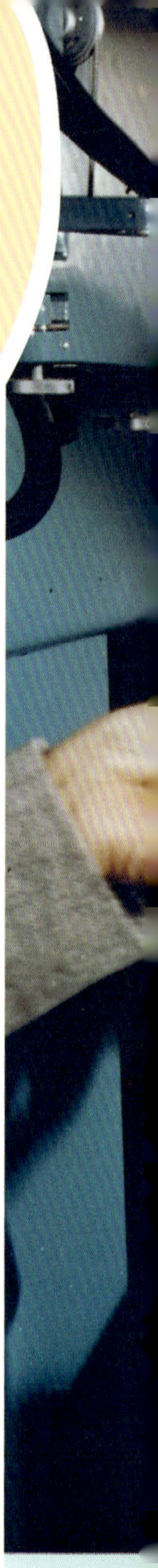

▲ 小狗莱伊卡

莱伊卡的结局

小狗莱伊卡在执行完航天任务后，按照当时官方的说法，它是被执行安乐死平静离去的。但是 2002 年有报道称，当年莱伊卡在刚飞上天没几个小时就死于惊吓导致的心脏衰竭。

猕猴航天员

世界上首只猕猴航天员在进入太空之前，曾接受了两年多的训练，并成功学会了按动操作杆和用牙齿咬动阀门。

▼ 首只猕猴航天员——萨姆

最早进入太空的动物

1957 年 11 月，一只叫莱伊卡的小狗乘坐苏联的“斯普特尼克”2 号卫星进入太空，成为第一只飞上太空的动物。

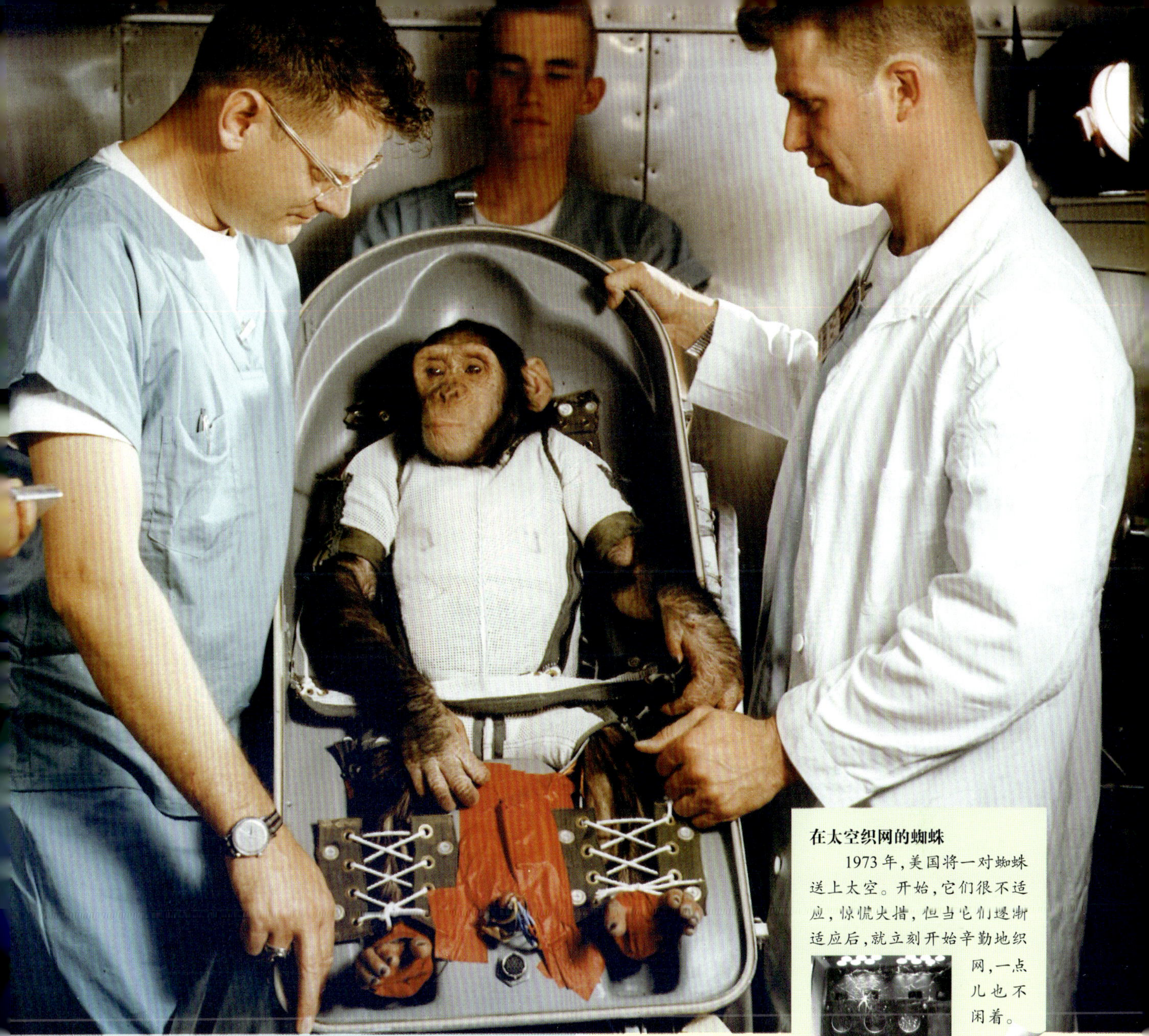

▲ 黑猩猩哈姆

在太空织网的蜘蛛

1973 年，美国将一对蜘蛛送上太空。开始，它们很不适应，惊慌失措，但当它们逐渐适应后，就立刻开始辛勤地织网，一点儿也不闲着。

飞上天的黑猩猩

1961 年 1 月，美国国家航空航天局把一只名叫哈姆的黑猩猩送上了太空。在飞行中，航天器的飞行速度比原来快了许多，但哈姆还是承受住了并安全返回了地面。

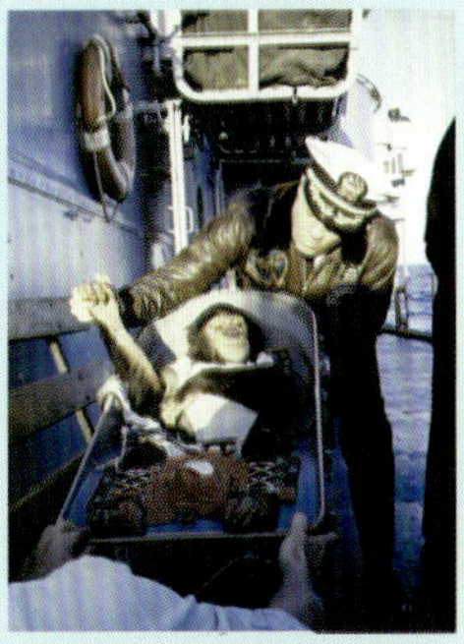

▲ 安全返回地球的哈姆

到太空旅行的青蛙

1992 年 5 月，美国“奋进”号航天飞机将一只青蛙送上了太空，科学家希望借此研究失重环境对两栖动物繁衍后代产生的影响。

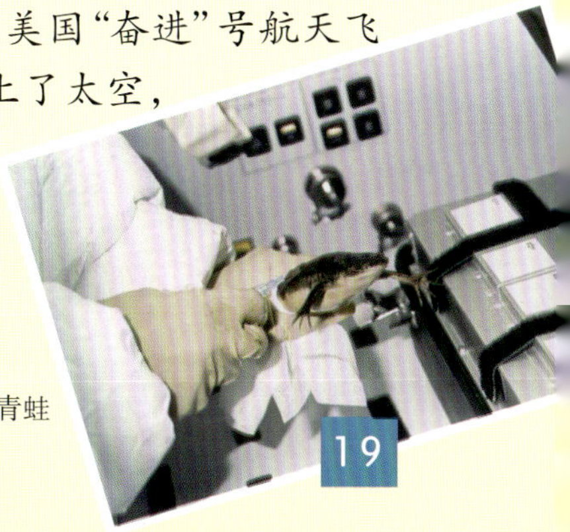

▶ 太空青蛙

宇航员

在人类航天活动中，航天员是重要的活动参与者。他们最早进入太空，把人类的足迹留在了茫茫宇宙中，堪称人类航天事业的功臣。

人类第一位航天员

人类历史上第一位航天员是苏联的尤里·加加林。1961年4月12日，他乘坐“东方”1号宇宙飞船飞入太空，并在太空中停留了1小时48分。

人类第一位女性航天员

▲ 瓦莲京娜·捷列什科娃

人类第一位女性航天员是苏联的瓦莲京娜·捷列什科娃。1963年6月16日，她乘坐苏联的“东方”6号宇宙飞船进入太空。

航天员的选拔

最初选拔航天员，要求他们有强健的体魄、良好的教育水平、较高的分析和解决问题的能力。后来，航天员出现分工，对他们的整体要求就更专业了。

中国第一位航天员

中国于 2003 年 10 月 15 日发射了第一艘载人飞船“神舟”五号，乘坐这艘宇宙飞船的杨利伟成为中国首位航天员。

宇航员分工

现在的宇航员可分为驾驶员、任务专家和载荷专家等。驾驶员的任务是驾驶飞船，而任务专家和载荷专家则负责一连串的科学研究和科学试验。

▶ 美国航天员艾琳·柯林斯是世界航天史上第一位女指令员

◀ 执行“阿波罗”11 号任务的三位宇航员：指令长阿姆斯特朗（左）、指令舱驾驶员迈克尔·科林斯（中）与登月舱驾驶员巴兹·奥尔德林（右）

首次登月的航天员

1969 年 7 月 16 日，美国航天员阿姆斯特朗、奥尔德林和迈克尔·科林斯三人，乘坐“阿波罗”11 号飞船飞向月球，20 日，他们中的阿姆斯特朗和奥尔德林成为人类历史上首次登上月球的航天员。

宇航员的难题

宇航员的安全和健康是空间技术发展的一个重点，宇航员训练中心里有各种为使宇航员适应太空生活而设置的模拟舱。学会如何适应这种环境，是宇航员走进太空之前必须攻克的难题。

▶ 宇航员在模拟舱内训练

在太空生活

由于失重和其他因素的影响，太空生活和陆地生活有许多不同之处。对宇航员来说，睡觉、吃饭，甚至洗脸、刷牙都不是一件容易的事。那么，他们到底是怎样生活的呢？让我们去了解一下吧！

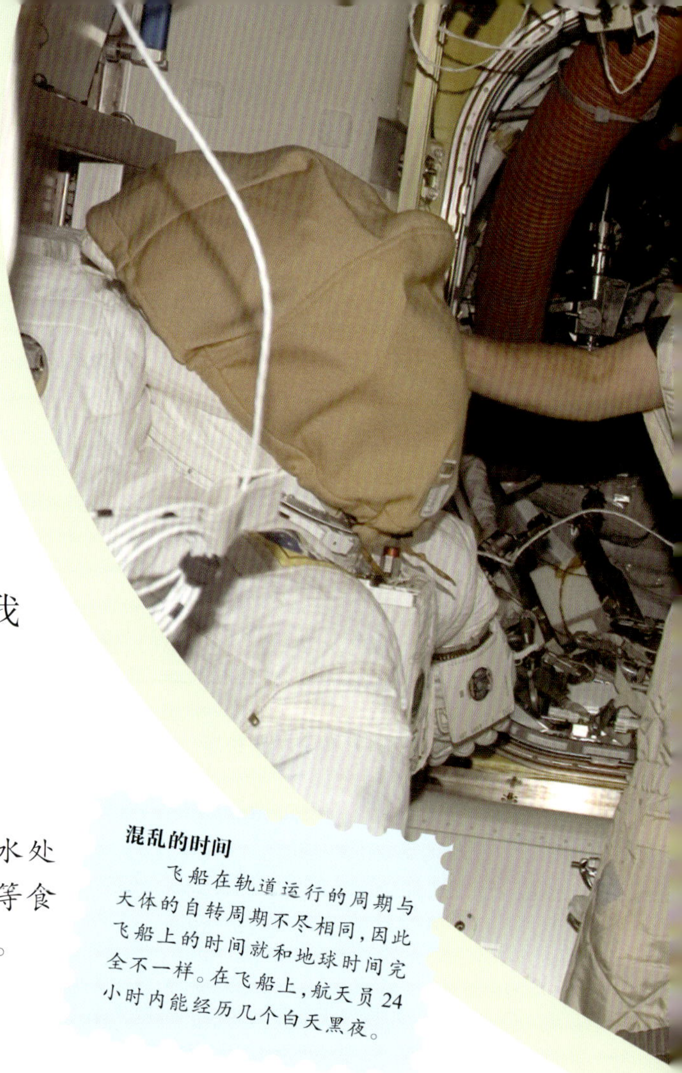

吃饭

宇航员的食物都经过浓缩和脱水处理，吃的时候先要向包装袋里灌水，等食物膨胀到原来的大小后再挤出来吃。

混乱的时间

飞船在轨道运行的周期与大体的自转周期不尽相同，因此飞船上的时间就和地球时间完全不一样。在飞船上，航天员24小时内能经历几个白天黑夜。

宇航员吃饭

宇航员喝水

进食方式

在失重条件下，太空舱中的各种食物、零件、用具等都是固定好了的，宇航员有时要把叉子和筷子伸进袋子里叉着往嘴里送。如果宇航员要喝水，“吃”汤、果酱等，则需要往嘴里挤。

宇航员准备睡觉

奇怪的睡觉姿势

在太空中，宇航员可以站着睡、躺着睡，或者靠在桌边睡。不过他们得把自己包裹在睡袋里，以避免睡觉时不经意“飞”起来，碰上舱里的开关。

宇航员刷牙

洗脸刷牙

宇航员洗脸时只能用湿毛巾擦一下，牙齿也只能用纸巾擦。不过，美国最新研制了一种橡皮糖，它可以代替牙膏清洁牙齿。

“随意”睡觉

航天飞行中，睡袋一般固定在飞船内的舱壁上。由于人体在失重情况下分不清上和下，站着或躺着睡都一样，所以宇航员既可以靠着天花板睡，也可以笔直地站着靠墙壁睡。

宇航员洗澡

洗澡

宇航员洗澡时，要戴上耳塞、呼吸罩和护目镜，还要穿上固定在地板上的拖鞋。做好这些工作，他们才能安全地洗澡。

人类首次登月

1961年5月，美国开始实施“阿波罗”登月计划，1961~1972年，“阿波罗”飞船成功进行了六次登月，将12名宇航员送上了月球。“阿波罗”计划的巨大成功揭开了人类探月的新篇章。

前期准备

在实施“阿波罗”计划之前，美国先期发射了“徘徊者”号、“勘测者”号、“双子星座”号等众多探测器，进行月球探测和登陆实验。

“水星”计划

“水星”计划是当年美国“阿波罗”登月计划的第一步。在这个计划中，研制的飞船主要进行载人试飞，以便测试人在太空中的活动能力。

▲ 参与“水星”计划的宇航员合影

首颗探月卫星

在“阿波罗”计划之前，人类就向月球发射过探测器，1959年1月2日，苏联发射的“月球”1号就是人类第一个月球探测卫星。

▲ “月球”1号

▲ “勘测者”号探测器的任务是测量月球温度，寻找登月平坦着陆点

运载工具

“阿波罗”号飞船使用的是“土星”号火箭，这种火箭的推力十分强大，它是美国为“阿波罗”计划而专门研制的。

▶ 美国“土星”号火箭

演练飞行

1966~1968年，“阿波罗”号飞船进行了六次不载人飞行，1968~1969年，又进行了至少六次载人飞行。1969年5月，飞船进行了登月演练飞行。

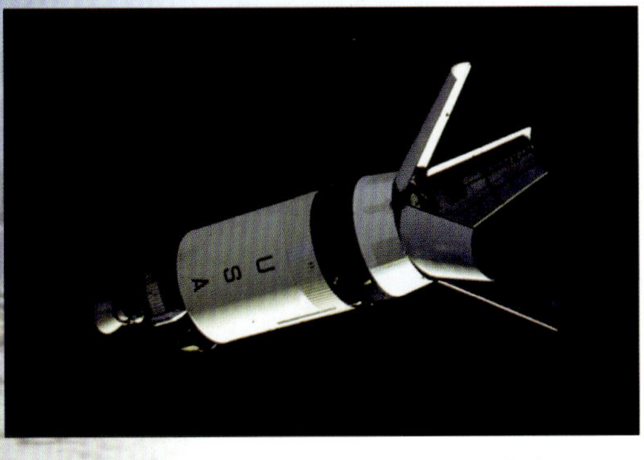

▲“阿波罗”7号在太空中执行测试任务

▲“阿波罗”8号返回舱完成任务后安全着陆在海上

▲“阿波罗”9号登月舱在太空中执行测试任务

成功登月

1969年7月20日，“阿波罗”11号飞船终于登上了月球。飞船上的两名宇航员走到月球表面进行了人类首次的实地考察，并留下了人类的标记。

▶“阿波罗”11号宇航员奥尔德林在月球上，他的面罩上映照出正给他拍照的阿姆斯特朗

“阿波罗”8号

“阿波罗”8号是人类第一艘成功靠近月球的飞船。1968年12月，飞船载着三名美国宇航员飞到了月球近地轨道，拍摄了大量月球的清晰照片。

我国探月工程

嫦娥是我们所熟悉的神话人物，传说她吃了仙药而飞上月球，住在了月亮上的广寒宫。今天，当我们想要飞上月球一探究竟时，就想到了用嫦娥的名字命名这次探访之旅。

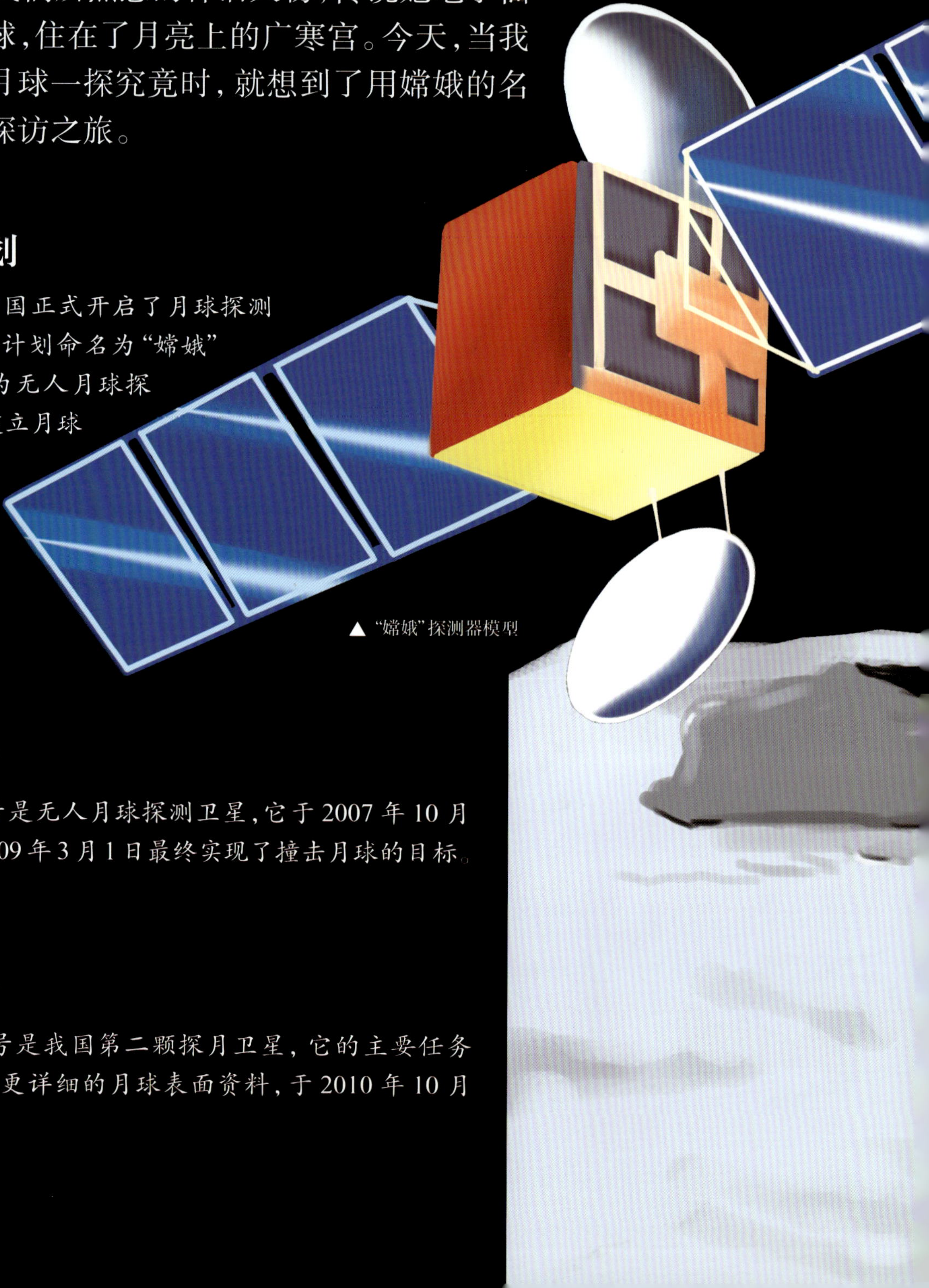

▲"嫦娥"探测器模型

"嫦娥"计划

2004年，中国正式开启了月球探测工程，并将这一计划命名为"嫦娥"工程。工程分为无人月球探测、载人登月、建立月球基地三个阶段。

"嫦娥"一号

"嫦娥"一号是无人月球探测卫星，它于2007年10月24日发射，在2009年3月1日最终实现了撞击月球的目标。

"嫦娥"二号

"嫦娥"二号是我国第二颗探月卫星，它的主要任务是获得更清晰、更详细的月球表面资料，于2010年10月1日发射升空。

“嫦娥”三号

“嫦娥”三号探测器于2013年12月2日发射，它的主要任务是保障“玉兔号”月球车在月面实现软着陆和月面勘察，并对月球地貌和地质构造进行探测。

“嫦娥”系列探测器

除了已经发射的“嫦娥”一号、“嫦娥”二号和“嫦娥”三号，“嫦娥”工程后续还有“嫦娥”四号和“嫦娥”五号探测器问世。这些探测器将为我们深入了解月球带来更多的资料。

探月标志

“嫦娥”工程的标志是用毛笔勾勒出一弯圆月，月亮上画着一双脚印，代表中国人踏足月球的愿望。圆弧的起笔处自然形成一个龙头，象征中国探月事业的腾飞。落笔的飞白由一群和平鸽组成，表达了中国和平利用太空的美好愿望。

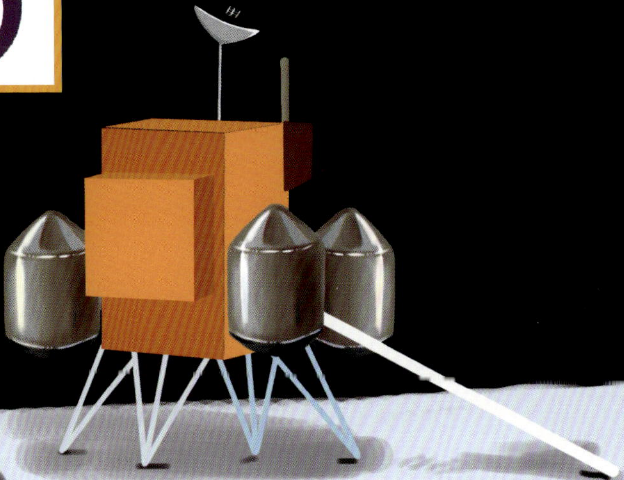

▼“玉兔”号月球车模型示意图

“玉兔”号月球车

“玉兔”号是我国首辆月球车，是“嫦娥”三号的重要组成部分，2013年12月15日抵达月球表面。主要以太阳能为能源，具有承受月球表面真空、强辐射、极热和极寒等严酷环境的超强身板。2016年7月31日晚，预期服役3个月的“玉兔”号在超长服役两年多后，停止工作。

探秘太阳

太阳就像地球的母亲，在它的照耀下，地球才如此多姿多彩，生机勃勃。从前，我们只能仰望它，但现在，人类发射了许多太阳探测器，可以更近地去探寻太阳的奥秘。

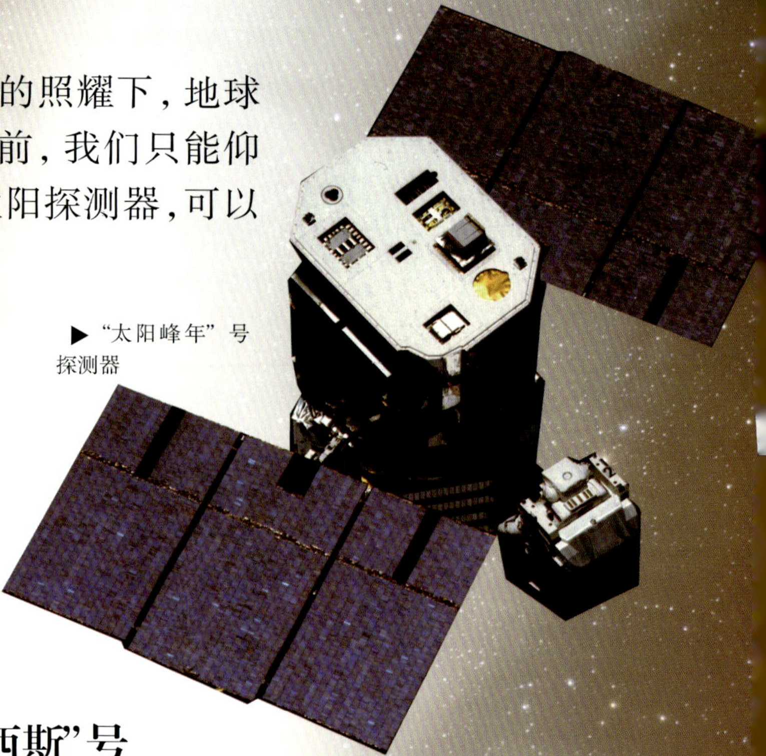

▶ "太阳峰年"号探测器

"太阳峰年"号

1980 年 2 月 4 日，美国发射了"太阳峰年"号探测器。这枚探测器绕太阳飞行九年，记录了太阳的常规参数以及 100 多次太阳耀斑爆发的情况。

"尤利西斯"号

"尤利西斯"号是最著名的太阳探测器。1990 年 10 月 6 号，它由美国"发现"号航天飞机送上太空。它主要探测了太阳风、太阳磁场等情况，是第一个对太阳两极上下空间进行四维探测的太空器。

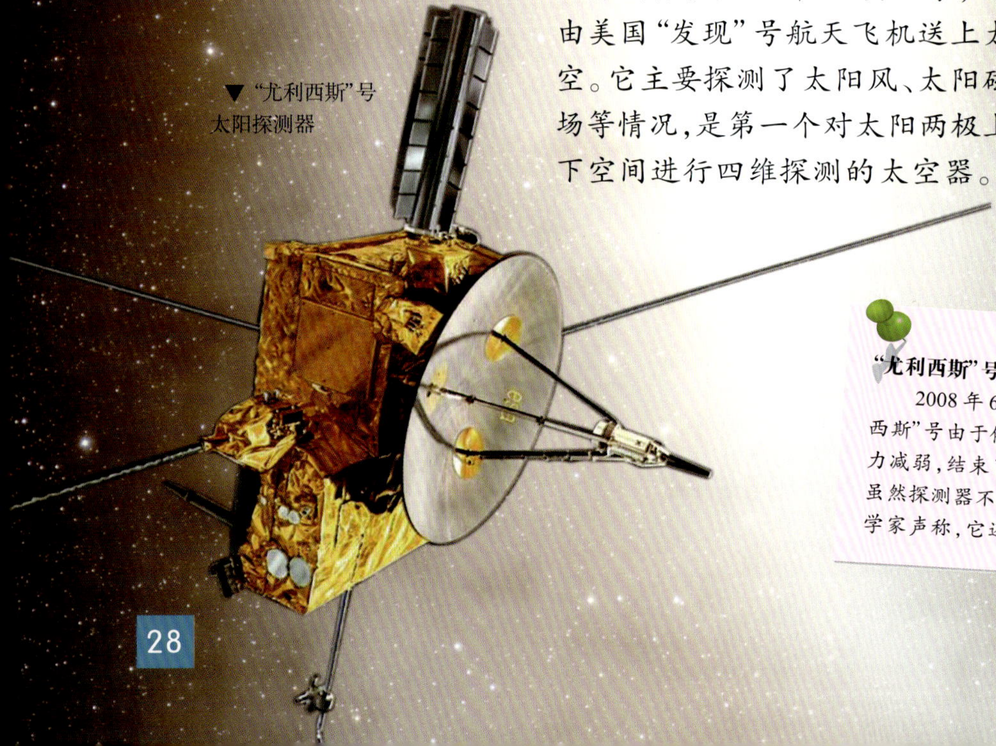

▼ "尤利西斯"号太阳探测器

▲ "尤利西斯"号飞临太阳想象图

"尤利西斯"号的结局

2008 年 6 月，成功服役 18 年的"尤利西斯"号由于供电能力严重不足和通信能力减弱，结束了它探寻太阳奥秘的使命。虽然探测器不再能向地面传送资料，但科学家声称，它还会继续绕太阳飞行。

“太阳神”号探测器

“太阳神”号探测器由美国和原联邦德国合作开发，包括“太阳神”1号和“太阳神”2号两颗姊妹探测器，主要用于研究太阳、太阳－行星关系和水星轨道以内的近日空间。

太阳

太阳是一颗巨大而炽热的气体恒星，是太阳系的“一系之主”。由于质量超大，地球等八大行星和其他小天体以及行星际物质都绕着它转，而太阳也成为整个太阳系光和热的来源。

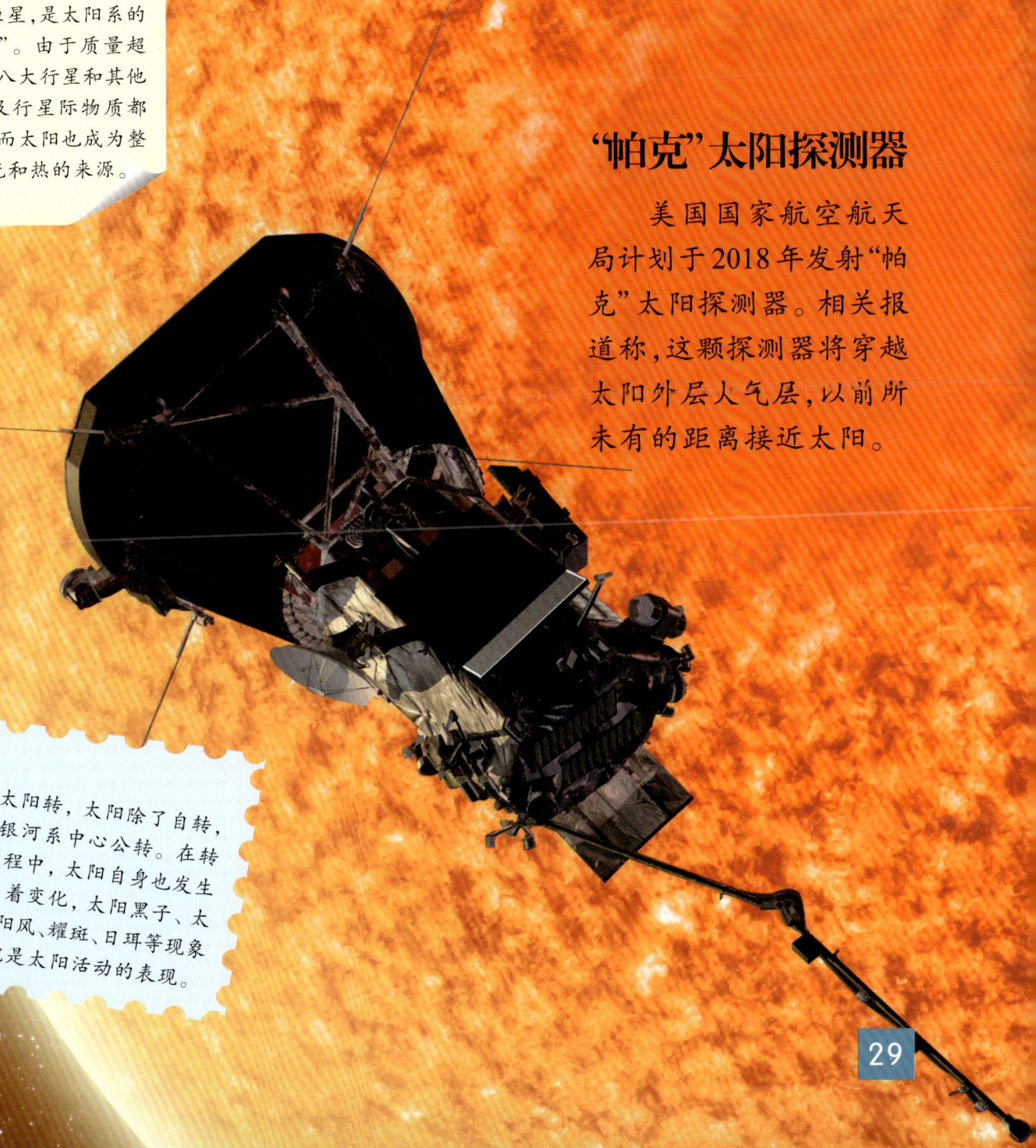

“帕克”太阳探测器

美国国家航空航天局计划于2018年发射“帕克”太阳探测器。相关报道称，这颗探测器将穿越太阳外层大气层，以前所未有的距离接近太阳。

太阳活动

地球绕着太阳转，太阳除了自转，其实也在绕着银河系中心公转。在转动的过程中，太阳自身也发生着变化，太阳黑子、太阳风、耀斑、日珥等现象就是太阳活动的表现。

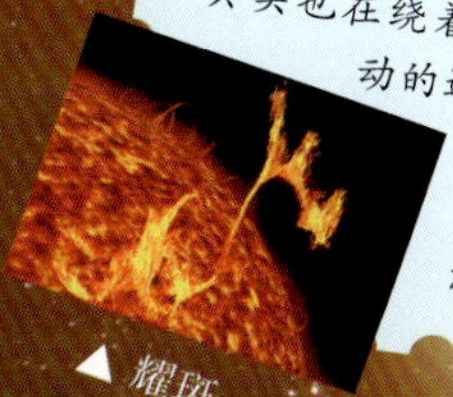

▲ 耀斑

拜访金星

金星是太阳系中仅次于日、月的一颗星星，但它总被厚厚的云层包裹着，即使用天文望远镜也很难看到它的真实面目。于是，人们发射了专门的探测器，去揭开它神秘的面纱。

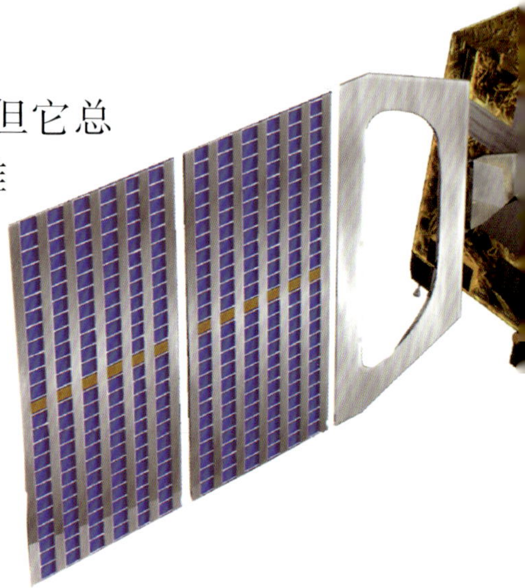

▲“先驱者－金星”1号探测器

“先驱者－金星”1号

1978年5月，美国发射了“先驱者－金星”1号探测器。这颗探测器成为环绕金星的卫星，对金星大气进行了观测，并绘制了金星的表面地图。

“先驱者－金星”2号

1978年8月，美国又发射了“先驱者－金星”2号探测器，探测器成功进入了金星大气层并发回了相关数据。

▲“先驱者－金星”2号探测器

“金星”8号

“金星”8号是苏联发射的探测器。根据它传回的照片，人们发现金星表面原来是橙黄色，而不是一直以为的黑色。

▲“金星”8号

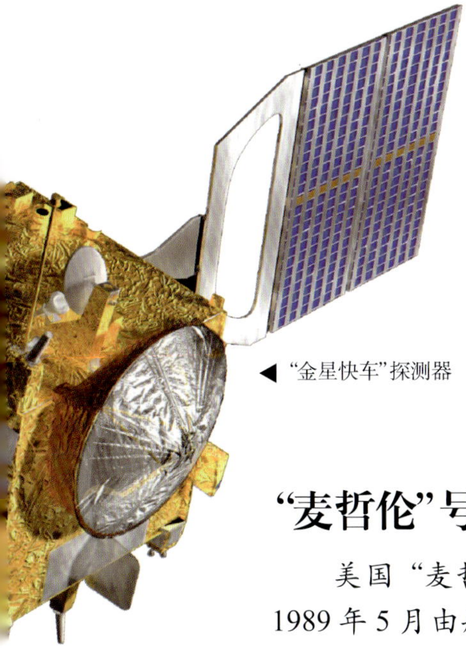

◀ “金星快车”探测器

“金星快车”

“金星快车”是欧洲的第一个金星探测器，它发射于2005年11月。它的主要工作是对金星表面大气进行精密测量，并研究金星的“温室效应”现象。

“麦哲伦”号

美国“麦哲伦”号金星探测器于1989年5月由航天飞机送上太空，它首次为人类拍摄了完整的金星地图。

▲“麦哲伦”号探测器

▼“麦哲伦”号金星探测器拍摄到的金星表面

奇特的金星

金星没有天然卫星，自转比公转更缓慢，它与其他行星自转方向相反。由于离太阳比较近，在金星上看到的太阳会比在地球上看到的更大。

两个名字

有颗亮星黎明前经常出现在东方天际，被称为启明星。但傍晚时分，还有颗亮星经常出现在西方天空中，被称为长庚星。但事实上，长庚星和启明星是同一颗星，这就是金星。

寻找火星生命

火星环境与地球环境有许多相似之处，因此科学家们希望将来可以在这里建设太空基地。为实现这个目标，人们已经陆续派出许多探测器对火星进行探测。

“水手”4号

1965年，美国的“水手”4号探测器成功接近火星，并拍摄了21张火星照片，使人们第一次看到火星的真实面貌。

▲“水手”4号探测器

▶“勇气”号火星探测器

火星探路者

1997年7月4日，美国于1996年12月发射的“探路者”号火星探测器成功在火星表面着陆，并探测了一个火星岛。

▼“探路者”号火星探测器放在火星上的“旅居者”号火星车

火星

火星是太阳系八大行星之一，是太阳系由内往外数的第四颗行星。由于地表上富含氧化铁，所以火星看上去是火红色的。火星表面遍布沙漠，大气非常稀薄，昼夜温差很大。

▲火星表面

“勇气”号

2003年6月，美国发射了“勇气”号火星探测器。这颗探测器在火星岩石上打孔采样，为科学家提供了许多有用的信息。

发现水

2013年9月，“好奇”号火星探测器在火星上发现：火星表面土壤中含有极少量水分。有人因此推测，今后如果有人登上火星，只需将火星表面土壤稍稍加热，就能获得水。

“好奇”号

“好奇”号是美国发射的最新的火星探测器。2012年8月6日，“好奇”号探测器在火星上着陆，它的主要任务是寻找火星生命。

▲ “好奇”号火星探测器

分析火星土壤

2008年5月下旬，美国的“凤凰”号火星探测器抵达火星，顺利着陆。探测器在火星上挖土取样，分析了土壤成分，以确定火星是否有生命出现过。

▲ “凤凰”号火星探测器

走近木星

木星是太阳系由内向外的第五颗行星，也是最大、最引人注目的行星。木星有一个由铁和硅组成的固体核，核外是由液态氢和液态金属层构成的木星幔，幔外面包裹着大气层。其大气层几乎全由氢和氦构成，此外还有少量的甲烷、氨和水蒸气。

“先驱者”10号

为了探测木星，人类发射了数种探测器，也带回了许多有关木星的宝贵资料。1973年12月，美国发射的“先驱者”10号探测器首次飞过木星，在擦身而过的瞬间，它第一次拍摄到了木星及其卫星的照片。

▲“先驱者”10号探测器

◀“旅行者”1号探测器及其拍摄的木星大红斑

“旅行者”1号

“旅行者”1号探测器是为探测木星和土星而研制的。1979年3月，它从木星上空飞过，拍到了木星的高清照片。

▶ “旅行者” 2 号探测器

“旅行者”2号

“旅行者”2号是“旅行者”1号的“姊妹船”，它飞越木星时探测到了木星表面的云团，并新发现了三颗木星的卫星。

“伽利略”号

为了开始木星探测计划，1989年10月18日，美国“伽利略”号探测飞船携一枚探测器升空，1995年12月7日抵达木星飞行轨道。在绕着木星飞行的过程中，它为我们传回了大量珍贵资料。

◀ “伽利略” 号探测器

“伽利略”号坠毁

2003年9月21日，“伽利略”号探测器在木星上坠毁，以此结束了它近14年的太空探索之旅。这也是美国国家航空航天局自1999年之后，首次控制探测器在地球之外的天体上坠毁。

木星的卫星

木星的卫星数量比较多，大大小小加起来有60多颗。1610年，意大利天文学家伽利略用自制望远镜发现了其中的木卫一、木卫二、木卫三和木卫四，这四颗卫星因此被称为伽利略卫星。

▼ 伽利略卫星

与土星亲密接触

土星是一颗气体星球，它的表面有超高的风速和强大的磁场，航天器要靠近它十分不容易。目前，只有少数探测器能接近土星对它进行观测。

“先驱者”11号

“先驱者”11号是首个土星探测器，它于1979年9月飞近土星，拍摄了一些模糊的照片。但它发现了土星环中的F环，还测量了土卫六的表面温度。

◀“先驱者”11号飞临土星的艺术想象图

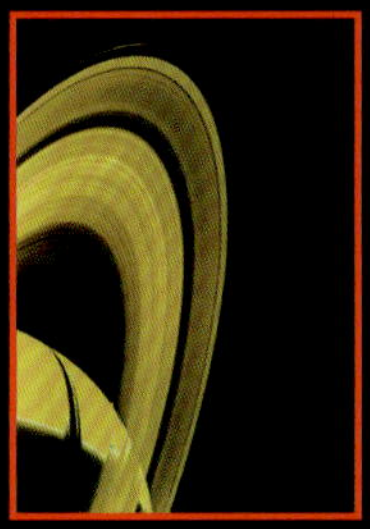

▲“旅行者”1号拍摄到的土星环

▲“旅行者”2号拍摄到的土星照片

“旅行者”号

“旅行者”1号和“旅行者”2号作为星际旅行者也曾造访土星，它们对土星环和土星的卫星都做了深入的勘测。

土星

土星按距离太阳由近到远的顺序排行第六，体积则仅次于木星。虽然看起来很大，但实际上土星非常轻，密度比水还小。有人说要是把它放入海洋里，它都有可能像船那样漂起来。

“卡西尼”号

“卡西尼”号土星探测器发射于1997年10月，其后数次借助于其他行星的推力，于2004年7月进入土星轨道，并探测了土星的大气、光环和卫星。2017年9月15日，“卡西尼”号结束了它的历史使命。

探测器命名

“卡西尼”号以在意大利出生的法国天文学家、土星光环环缝的发现者卡西尼的名字命名；“惠更斯”号探测器以荷兰物理学家、天文学家，土卫六的发现者惠更斯的名字命名。

▲ 卡西尼

◀ 惠更斯

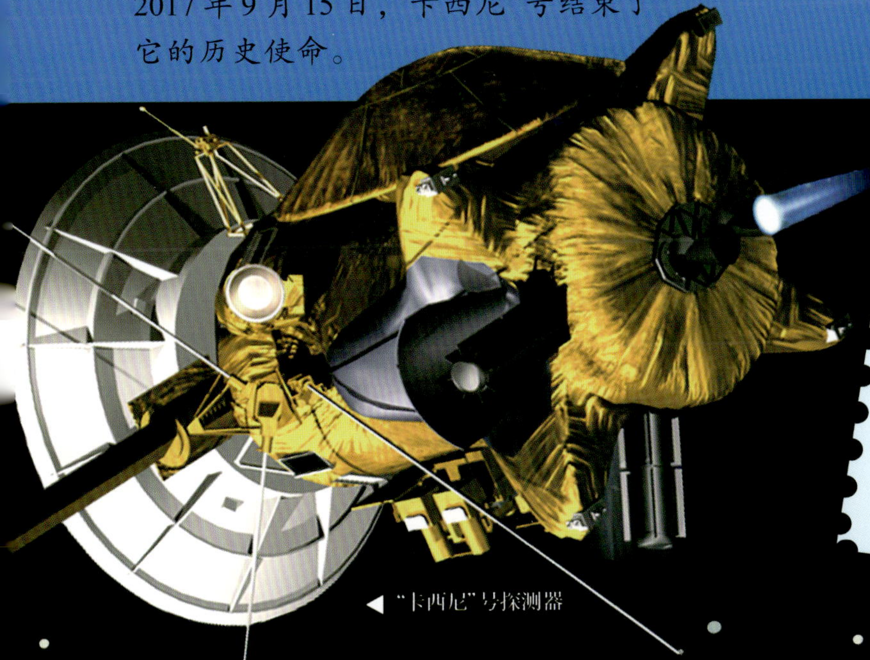

◀ “卡西尼”号探测器

未来探测

目前，美国和欧洲正在联合开发针对土星的卫星——土卫六、土卫二的研究计划。这两颗卫星有一些与地球相似的属性，科学家想对它们有更多的了解。

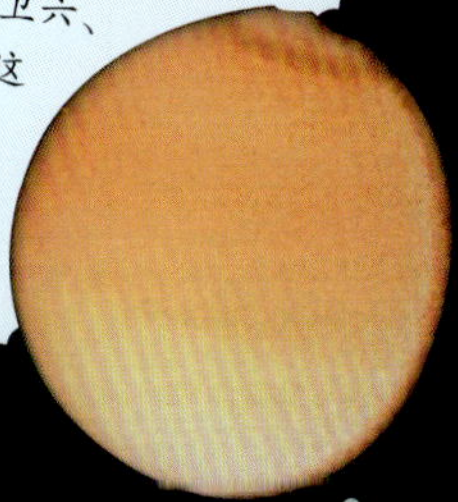

▲ 土卫六

“惠更斯”号

2005年1月14日，“卡西尼”号的子探测器“惠更斯”号成功登陆土卫六，它通过压力、风速、大气成分等测量仪器研究了土卫六。

◀ “卡西尼”号探测器施放“惠更斯”号探测器想象图

飞往天王星

天王星是人类用天文望远镜观测的第一颗太阳系行星，于1781年由威廉·赫歇尔发现。它是太阳系由内向外排列的第七颗行星，虽然身体庞大，但还没有海王星重。

▲ 威廉·赫歇尔

太阳系巨行星

木星、土星、天王星和海王星是太阳系的四颗巨行星。木星和土星为典型的气态巨行星，其主要成分为氢和氦；海王星、天王星为冰巨行星，主要由氨、水和甲烷等更重的物质组成。

路过的“旅行者”

1986年1月，美国发射的“旅行者”2号飞船从天王星身边飞过，拍到了许多天王星的图片，这些图片大大丰富了人们之前对天王星的认知。

▲ 太阳系巨行星

奇特的天王星

探测器为我们发回的资料显示：天王星看起来是颗蓝绿色的星球，它就像一个“躺着”的舞者，倾斜角度达到98°，逆向自转。

◀ “旅行者”2号1986年1月10日拍摄的天王星彩色影像

天王星的其他信息

“旅行者”2号还传达了天王星其他的信息，如它的大气情况、卫星、表面地形及环绕它的光环等。

▲ “旅行者”2号拍摄到的天王星及其卫星

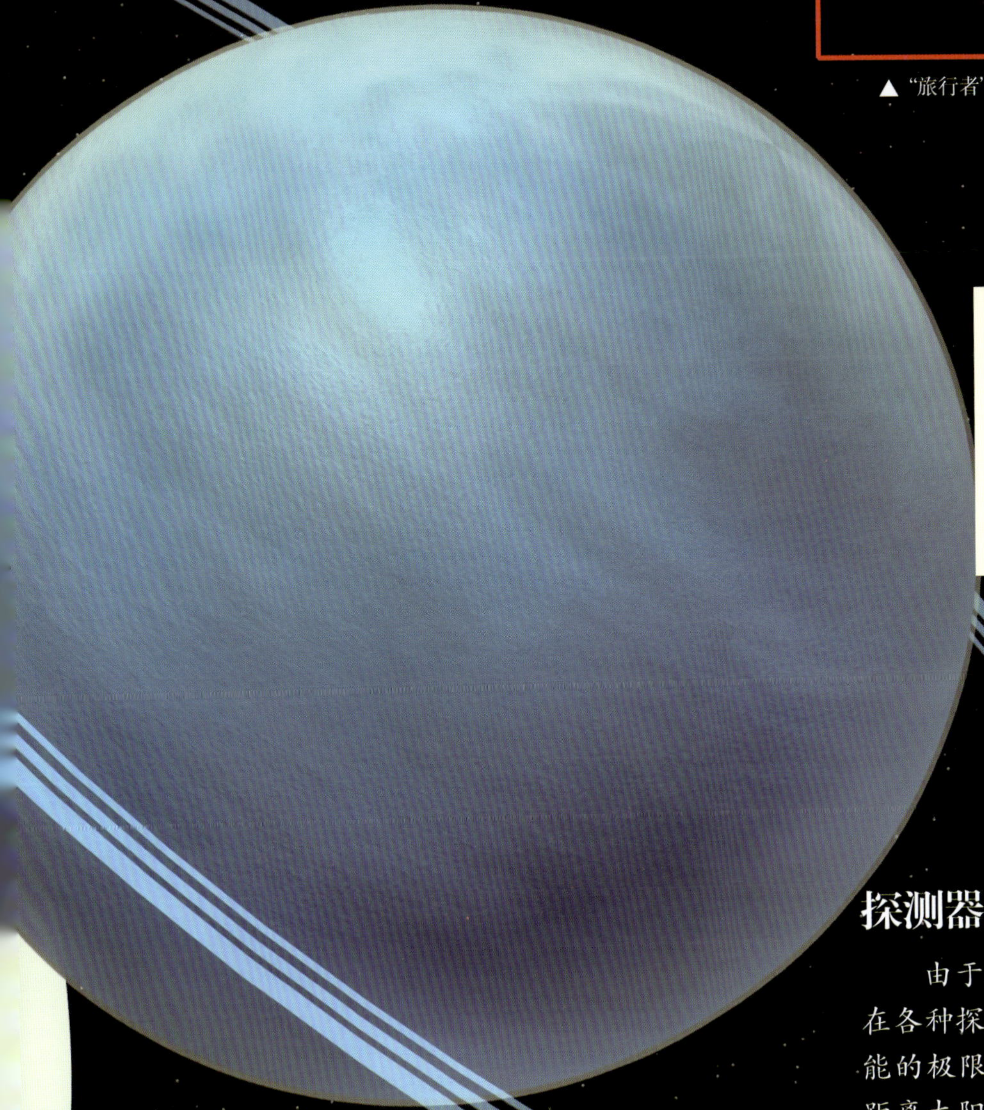

未来计划

未来二三十年将是人类对海王星和天王星探索的新阶段，美国国家航空航天局已经着手制订对这两颗远日行星的详细探索计划，探测器预计于2020~2030年发射。

探测器的动力

由于木星轨道是现在各种探测器使用太阳能的极限，要发射前往距离太阳更远的天王星和海王星的探测器，就只能以核燃料作为动力。

造访冥王星

冥王星距离太阳非常远，曾跻身于太阳系“九大行星”之列。因为它的个头和地球这些大行星相比，实在太小，后来被归入矮行星之列。对这颗遥远的矮行星，人们也充满了好奇。

抵达冥王星

“新地平线”1 号探测飞船是人类第一艘飞往冥王星的探测器，也是起始速度最快的太空船。它于 2006 年 1 月发射升空，2015 年 7 月抵达冥王星，并从距离冥王星大约 1.3 万千米处飞过。

◀ 2015 年 7 月 9 日，“新地平线”1 号在 540 万千米外拍摄的冥王星

至少多花三年

探测器想要省时省力进行星际旅行，借助天体引力助推是一个好办法。科学家们认为，如果不是木星出手帮忙，“新地平线”1 号至少要多花三年时间才能到达冥王星附近。

被木星“踢了一脚”

“新地平线”1 号在飞往冥王星途中经过木星，就靠木星引力帮忙，被木星“踢了一脚”后继续前进。

预定目标

在“新地平线”1 号飞越冥王星后，科学家们为它进入柯伊伯带设定了两个目标。这两个目标都位于探测器飞行轨迹沿途，探测器预计在 2019 年抵达代号为 2014 MU69 的小天体附近。

◀ 2014 MU69 天体

柯伊伯带

柯伊伯带位于太阳系边缘，是一个有大量冰物质运行的带状区域，通常被认为是太阳系边界所在。科学家们认为，柯伊伯带可能存在着太阳系最初演化的秘密，具有很高的研究价值。

飞往太阳系边缘

“新地平线”1号探测器的主要目标是冥王星、冥卫一和新发现的两颗冥王星的卫星。探测完毕后，它会飞往太阳系外缘的柯伊伯带。

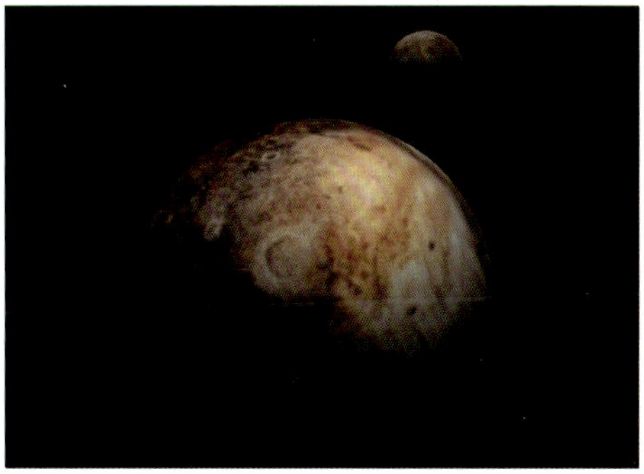

▲ “新地平线”1号拍到的冥王星(前)和它的卫星——冥卫一(后)

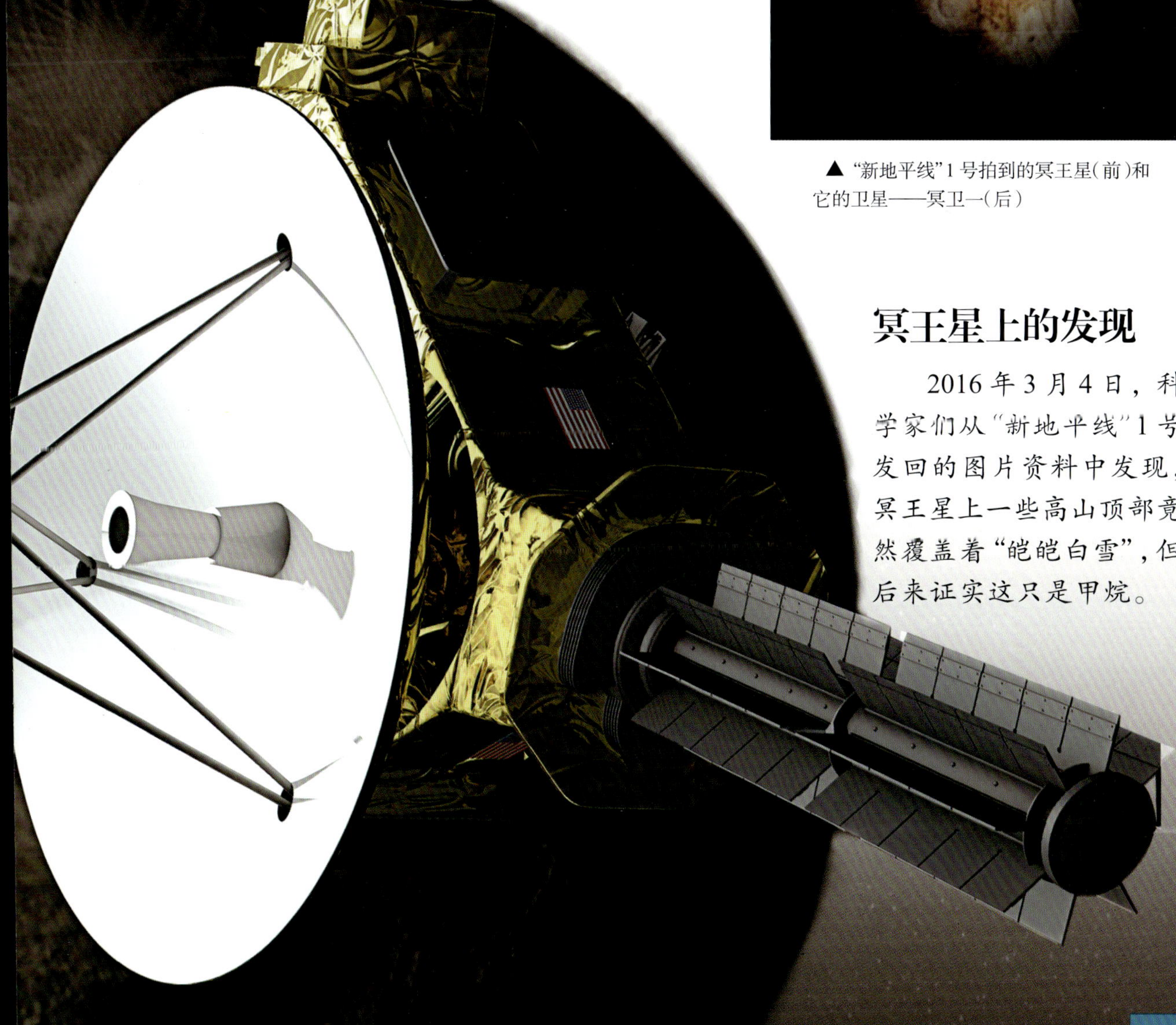

冥王星上的发现

2016年3月4日，科学家们从“新地平线”1号发回的图片资料中发现，冥王星上一些高山顶部竟然覆盖着“皑皑白雪”，但后来证实这只是甲烷。

科学家的设想

人类的航天活动取得了很大成就，人类了解到很多宇宙知识。但面对浩瀚的宇宙，我们的成就就显得微不足道。未来，人们还需要付出更多的努力，才能更好地开发和利用宇宙资源。

太空帆船

根据科学家的设想，未来人类将会发明一种太空帆船，这种船利用太阳粒子撞击帆面产生的作用力驱动前进，动力强劲而且环保。

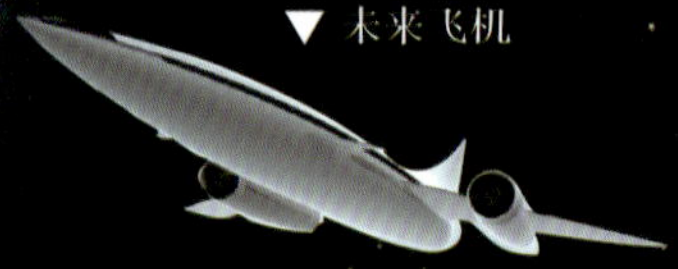

▼ 未来飞机

火星基地

火星有许多与地球相似的属性，因此最适合人类移民。现在，欧洲正在规划一项火星移民计划。相信过不了多久，火星就会成为人类在太空的一个基地。

太空旅游

21世纪伊始，人类开始了太空游项目。项目组织者对进行太空游的游客提出一个必须的条件，那就是健康的身体。不过太空游动辄千万美元的高昂费用，让很多普通人望而却步。

太空隧道

未来能不能在太空中建造一种隧道，让航天器通过隧道到达目标星球呢？科学家们认为，虫洞是建设这种隧道的最佳选择。

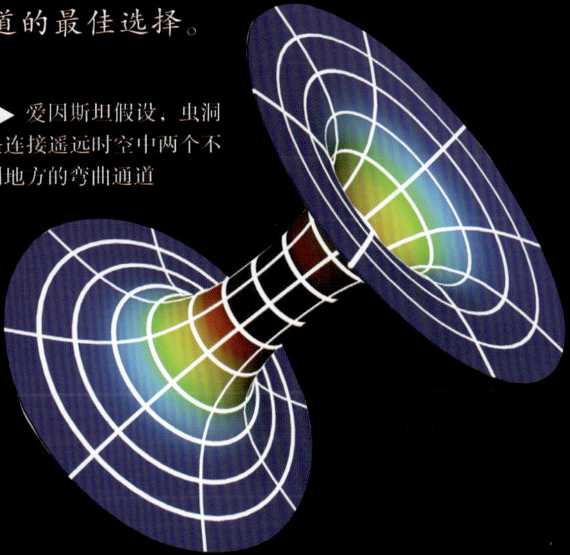

▶ 爱因斯坦假设，虫洞是连接遥远时空中两个不同地方的弯曲通道

影片中的太空堡垒

在电影《星际穿越》中，地球因日益严重的环境问题迫使人类不得不移民太空。影片最后，幸存的人类在太空建立了一个移动的“堡垒”，让这里成为人类找到下一个适宜星球前的暂时居所。

◀ 未来太空堡垒的想象图

太空城

除了在类地行星上建太空基地，人们还设想在宇宙中建悬浮的太空城。太空城由工业城、科技城和居住城组成，各城之间通过太空船和太空列车来往。

▲ 未来的太空城想象图

图书在版编目（CIP）数据

我的第一套视觉百科. 航天 / 张功学主编. -- 西安:
未来出版社，2017.12（2023.10 重印）
ISBN 978-7-5417-6347-2

Ⅰ. ①我… Ⅱ. ①张… Ⅲ. ①科学知识—少儿读物②
航天—少儿读物 Ⅳ. ①Z228.1②V4-49

中国版本图书馆 CIP 数据核字（2017）第 317274 号

我的第一套视觉百科（精装）

WO DE DIYI TAO SHIJUE BAIKE

航天

HANGTIAN

主　　编　张功学
丛书统筹　魏广振
责任编辑　王小莉
美术编辑　许　歌
出版发行　未来出版社发行
地　　址　西安市雁塔区登高路 1388 号　邮编：710082
电　　话　029-89122853
开　　本　889 mm × 1194 mm　1/16
印　　张　3.5
字　　数　60 千
印　　刷　万卷书坊印刷（天津）有限公司
版　　次　2018 年 4 月第 1 版
印　　次　2023 年 10 月第 3 次印刷
书　　号　ISBN 978-7-5417-6347-2
定　　价　39.80 元

版权所有　侵权必究

SCHOOL BUS

My First
我的第一套视觉百科
Encyclopedia